原书
第3版

CRUCIAL
CONVERSATIONS

Tools for Talking When
Stakes are High, 3rd Edition

关键对话
如何高效能沟通

[美]

约瑟夫·格雷尼 Joseph Grenny
科里·帕特森 Kerry Patterson
罗恩·麦克米兰 Ron McMillan
艾尔·史威茨勒 Al Switzler
埃米莉·格雷戈里 Emily Gregory

|

著

毕崇毅 薛香玲 译

机械工业出版社
CHINA MACHINE PRESS

图书在版编目（CIP）数据

关键对话：如何高效能沟通：原书第 3 版 /（美）约瑟夫·格雷尼（Joseph Grenny）
等著；毕崇毅，薛香玲译 . —北京：机械工业出版社，2022.9（2024.7 重印）
（关键对话）
书名原文：Crucial Conversations: Tools for Talking When Stakes are High,
        3rd Edition
ISBN 978-7-111-71438-5

I. ①关… II. ①约… ②毕… ③薛… III. ①人际关系学 - 通俗读物 IV. ① C912.1-49

中国版本图书馆 CIP 数据核字（2022）第 159837 号

北京市版权局著作权合同登记　图字：01-2022-1978 号。

关键对话：如何高效能沟通（原书第 3 版）

出版发行：机械工业出版社（北京市西城区百万庄大街 22 号　邮政编码：100037）

责任编辑：张周鹏　　　　　　　　　　　　　　责任校对：潘　蕊　张　薇

印　　刷：涿州市京南印刷厂　　　　　　　　　版　　次：2024 年 7 月第 1 版第 5 次印刷

开　　本：170mm×230mm　1/16　　　　　　　印　　张：17.25

书　　号：ISBN 978-7-111-71438-5　　　　　　定　　价：69.00 元

客服电话：（010）88361066　68326294

谨以此书献给

西莉亚、露易丝、伯妮、琳达和艾伦，

感谢你们巨大的支持、无私的爱和永无止境的耐心，

以及我们的孩子们——

克里斯蒂娜、瑞贝卡、泰勒、斯科特、

艾斯琳、卡拉、赛斯、塞缪尔、希鲁姆、

安伯尔、梅根、查斯、海丽、布莱恩、

安伯、劳拉、贝卡、瑞秋、本杰明、梅瑞狄斯、琳赛、

凯莉、托德、斯宾塞、史蒂文、凯特琳、

布拉德利、安娜、萨拉、丽贝卡、马伦、特莎和亨利，

感谢你们为本书提供的灵感。

还有我们大家庭的成员，包括几百名同事、

数万名认证培训师和数万名客户。

感谢你们分享自己的心路历程，

对本书观点的形成起到了决定性的作用，

而你们则堪称利用关键对话技巧的典范。

本书还要献给我们的合作伙伴，在我们的关键对话过程中，

经历了诸多困难时刻，感谢你们的耐心。

今天，我们荣幸地成为全球优秀导师和实践者社群中的一员，

正在与社群一起努力践行和传播我们的信念，

共同建设一个更美好的世界。

| 前 言 |

2002 年《关键对话》第 1 版出版时，我们曾做出过一个大胆的陈述，即生活中很多问题的根源在于，当面对高风险、情绪化问题存在分歧时，人们的处理方式。对于人生中的这种"关键时刻"，我们认为，如果人们学习了那些能有效应对高风险对话大师的做法，那么组织的绩效一定会因此出现巨大的改善。

20 年过去了，如果说现在和当年有什么不同的话，那就是我们越来越确信这一论断的正确性了。越来越多的研究证据表明，当领导者成功创建以诚信为本的组织文化后，核电厂变得更加安全，工作场所变得更加包容，医院拯救了更多生命，金融机构的客户更加忠诚，政府机构的服务更加高效，科技公司的跨国业务更加紧密无间，非营利组织能够更好地履行其使命，偏见也得到了有效的遏制。

在过去 20 年里，最让我们满意的成果不是来自研究数据，而是来自读者讲述的数千个故事。他们在关键时刻，凭借勇气和书中学到的方法，巧妙地促成了一个又一个变化。如果不承认这点，我们便有失诚实。例如，一位女士读完本书后和关系疏远的父亲重新修复了父女关系；一位护士通过和误诊病情的医生展开关键对话，成功拯救了患者的生命；一位男士利用本书中的技巧，在父亲去世后成功避免了兄弟之间因为遗嘱问题而反目成仇；两兄弟在 10 年前因其中一人坦白自己的性取向而疏远，如今借助关键对话重归于好；还有一位勇敢的读者，甚至利用在关键对话培训中学到的方法在巴西把劫匪说得弃枪从良！

显然，把这些案例和 500 万读者共享肯定会产生巨大的效应。它们会让你同样感受到我们在和每个普通人的互动中得到的价值感和成就感。

本版新增内容

在第 3 版中，我们做了一些重要改动，相信会使之成为一部更有影响力的著作。首先，我们增添了在现代交流方式下如何进行关键对话的内容。如今许多关键对话是通过视频、异步交流的社交媒体、音频或纯文字的交流方式进行的。针对这一点，我们详尽地研究了现代交流方式下的对话技巧，对哪些技巧有用，哪些技巧不适用有了深入的了解。在过去 10 年里，我们在如何提出和面对差异性、包容性甚至无意识偏见等问题上做了大量的研究。其中一项里程碑式的研究征集了 13 000 多名受试者，测试第 3 版中一些新增方法的效果。其次，针对日益全球化和异质化的社会所带来的新的工作方式和新的压力，本书也做了相应的增补和改动。在现今的大多数工作场所，异地关系和多元文化早已不是新奇的例外，而是已经成为常态，由此引发的矛盾也日益增多，所以在现代社会中关键对话的重要性愈加突出。最后，近些年越来越多的事例表明，很多后果严重的冲突都是因为冲突双方无法坦诚开放、有礼有节地讨论政治和社会问题分歧而造成的。面对日新月异的变化，每个人如何在关键时刻达成最理想的沟通效果，是这一部分新增内容要解决的问题。

第 3 版还围绕准备、开始和结束关键对话这一易于理解的模式对全书内容做了顺序上的调整。我们发现按照对话的流程顺序来讲授技巧，可以让读者按需取用，并且知道在什么时候用什么技巧能取得最佳效果。

老读者会注意到第 3 版最明显的变化之一是增加了一位新作者埃米莉·格雷戈里。近 20 年来，埃米莉一直是我们重要的合作伙伴。她与我们并肩工作，深化研究，优化课程，在全球发展了近 2 万名培训师，极大地增强了公司的影响力。她的加入让每一章的内容都更加丰富。

我们相信，这些新内容不但会提升你的阅读体验，而且会帮助你更有效地把书中的理论转变成切实可行的工作和生活习惯。

未来方向

看到有这么多读者对这本书做出积极响应，我们感到非常激动。老实说，20 年前我们已经敢于预言书中的理论会改变世界，但我们不知道整个世界是否会像我们期望的那样对此做出积极响应。

当然，从目前的情况来看，形势的发展还是非常喜人的。我们非常高兴地看到，如今越来越多的人意识到关键对话是改变其人生的有效手段。我们有幸给各大政府机构主管、商业大亨以及极具影响力的社会企业家讲授这门课程。

本书甚至推出了阿拉伯语和希伯来语两个新的译本，这让我们看到更大成功的希望。我们在喀布尔和开罗等动荡不安的地方分享过关键对话的原则，也在曼谷和贝宁城等快速发展与富有影响力的地区讲授过课程。随着读者数量的增加和成功案例的积累，我们变得更加充满动力，要力争让本书成为改变人类生活的福音。

是为新版序。

最后，我们衷心希望本书能为你带来更美好的阅读体验，激发你更深刻的思考和更积极的行动。

约瑟夫·格雷尼

科里·帕特森

罗恩·麦克米兰

艾尔·史威茨勒

埃米莉·格雷戈里

| 目　录 |

第二部分

如何展开对话

|第 1 章|

何谓关键对话

沟通最大的问题在于，人们想当然地认为
已经沟通了。

——萧伯纳

乍一听"关键对话"这个词，很多人会联想到总统、国王、首相等国家政要围坐在巨大的会议桌前讨论未来发展的情形。虽然这种讨论的确具备广泛而深远的影响，但它们并非本书的主题。我们所说的关键对话指的是每个人身上都会发生的和他人互动的行为，即可影响你生活的那些日常对话。

那么，究竟怎样的对话才是关键对话而非普通交谈呢？关键对话有三个特征。首先，对话双方的观点有很大不同。例如，你正在和老板讨论升迁的问题，她认为你还没准备好，而你却觉得自己早该被提拔了。其次，对话存在很高的风险。例如，你正在和几位同事开会，讨论采用新的营销战略。如果再不做出改变，公司将陷入困境。最后，对话双方的情绪非常强烈。例如，你正在和伴侣闲谈，对方突然提到昨天街区聚会上的一件"丑闻",指责你不光和别人调情,甚至几乎亲热上了。对你来说,这简直是颠倒黑白,你并没有跟谁调情,只不过是想表现得礼貌和友好。但你的解释令伴侣愤怒不已,转身离去。

说到昨天的聚会,你想起在聚会上跟隔壁公寓某位有点奇葩、爱发脾气的邻居聊天时发生冲突的事情。上一秒他还在大谈特谈他的肾怎么不好,下一秒却突然向你抱怨,说头天晚上你家做饭的味道顺着通风管道飘进了他家。他埋怨道:"你别忘了,我对姜过敏。"从这一刻起,你们的对话急转直下,最终演变成激烈的争论:你说你有炒菜的权利;他说闻到调料的味道让他鼻子不舒服,你的权利不能侵害他的利益。在争论中,你完全失去了平时的礼貌和风度。后来你们开始大声嚷嚷,你怒气冲冲地转身离开,邻居在背后威胁说要找律师,告你炒菜侵犯了他的权益。在这次冲突中,你们的情绪都达到了非常激烈的程度。

关键对话何以关键?

前面列举的这些对话除了令人沮丧、恐惧或烦恼,还很关键。之所以关键,是因为其结果会对你的人际关系和生活质量造成巨大的影响。

在上述每一种情况下,你日常生活中的某些方面都可能会因此出现持续性的积极或消极变化。例如,升职会带来很多变化,公司的成败关系着你和周围的每位同事,你和伴侣的关系影响着你生活的方方面面,甚至像争论做饭气味这种琐事也能严重降低你的生活质量。

如果把可能引发沟通灾难的话题比作一座冰山的话,前面那些例子只是这座庞大丑陋的冰山的一角。其他的例子还包括:

- 结束一段关系。

- 与发表冒犯性言论的同事交谈。

- 让朋友还钱。

- 指出上司的做法欠妥。

- 提醒上司他违反了自己制定的安全或质量规章。

- 谈论种族歧视或性骚扰行为。

- 批评同事的工作。

- 让室友搬走。

- 和前妻商讨孩子监护权或探视权的问题。

- 面对叛逆期的孩子。

- 与不遵守承诺的团队成员交谈。

- 谈论两性亲密的问题。

- 向亲人挑明滥用药物的问题。

- 和喜欢封锁信息或资源的同事交谈。

- 业绩评价时给出差评。

- 让伴侣的父母停止干涉自己的生活。

- 提醒同事注意个人卫生。

　　这些难题给我们的生活带来很多压力和不安，一不小心就会造成严重的后果。但此事有解。如果你知道如何进行关键对话，几乎在所有话题上你都可以有效地通过对话来解决难题。不过，在实际情况中，人们往往还做不到这点。

　　关键对话指的是两人或多人之间的一种讨论，这种讨论具有三个特点：①观点不同；②风险巨大；③情绪强烈。请参见图 1-1。

图 1-1　关键对话的特点

间隔时间是对话成败的决定性因素

在前面的例子中，决定对话成败的关键因素是从出现问题到当事人找到方法实实在在、有礼有节地解决问题的间隔时间。也就是说，破坏你和配偶父母之间关系的最大因素不是他们干涉你的生活，而是因缺乏坦诚沟通引发的有害情绪和不良行为。办公室里的歧视行为是个问题，但如果大家都不去面对、谈论和解决，它的影响将成倍增加。老板不遵守承诺是一回事，但如果不坦率地跟老板讨论，而是在背后窃窃私语，进而滋生出不信任和暗中怨恨的情绪，那就是另一回事了。真正的伤害发生在从发现问题到解决问题的这段时间。

想想在哪些关系中，从你感觉到有问题到双方坐下来讨论问题只间隔了很短的时间。如果让你来形容这些关系，你大概会想到信任、亲密、相互促进这些词。再想想相反的关系，想想在某些团队中要花费数周、数月甚至数年才能开诚布公地解决一些显而易见的问题。没有坦诚的沟通会造成什么后果呢？不难想象，它会造成争论、怨恨、耍手腕、决策错误、执行无力、错失良机等严重后果。**对于人际关系、团队、组织甚至国家而言，几乎一切长期问题的症结都是源自回避或者没有妥善应对关键对话。**

我们数十年来的研究表明：

> 你可以用从发现问题到解决问题的间隔时间来衡量关系、团队和组织的健康程度。

要解决问题，唯一可靠的办法就是找到通往有效沟通的最短路径。

为什么会有间隔时间？我们通常如何应对关键对话

我们在面对关键对话时，一般来说有三种选择：

- 逃避关键对话。
- 敢于面对，但往往处理不当。
- 敢于面对，而且处理得当。

看起来似乎很简单，要么是逃避关键对话，忍受由此带来的不利结果；要么是处理不当，忍受由此带来的不利结果；还有一种可能，就是妥善应对关键对话，解决问题，改善人际关系。

你挠挠头，暗自思忖道："既然这样，那还是选择第三种吧。"

但是，我们真的能妥善应对关键对话吗？当正常交流逐渐升级为失去理智的个人攻击时，我们能停下来，做个深呼吸，对自己说"不行，这是一次关键对话，我最好集中注意力"，然后自然而然地做出最佳行为吗？应该说，有时候我们的确能做到。有时候我们确实能在面对棘手的话题时，注意自己的行为，做出最好的表现，圆满地解决问题，并维持良好的关系。还有的时候我们的表现没那么好，但也算可以。

但大多数时候我们会落入另外两种情况，要么回避关键对话，要么处理不当，这导致问题迟迟得不到解决，从发现问题到有效解决问题的间隔时间也因此变长。

回避关键对话

尽管关键对话的重要性不言而喻，但我们面对它时却经常退缩。我们担心直接面对会让问题变得更糟，这种心理让我们想方设法逃避关键对话。例如，同事之间明明应该拿起电话直接沟通，却用了电子邮件的方式；上司本应该直接视频沟通，却只发了些文字信息；谈话气氛一旦紧张，家人就会马上转移话题。我有一个朋友更有意思，他是从即时贴上知道结婚 17 年的妻子想要离他而去的。由此可见，我们已经习惯使用各种手段来逃避敏感棘手的关键对话。

当然，把问题说出来确实有风险，面对比自己更有力量和权力的人时更是如此。我们很少有人能真实地面对自己，选择去承担这种风险。其实，对于关键对话而言，你只有两种选择：

- 坦率地说出来。
- 在行为上表现出来。

试想，如果你不去和老板、伴侣、邻居或同事沟通，这些问题会神奇地消失吗？当然不会。相反，它们会变成你看待老板、伴侣、邻居和同事的有色眼镜。你对他们的看法会通过你的言行举止表现出来，你的恨意也会在你对待他们的方式中流露出来。比如，你会对他们恶声恶气，减少跟他们在一起的时间，未经思索就指责他们不讲诚信、自私自利，有消息故意不告诉他们，或者从不表达你的爱意。问题依然存在，嘴上虽然不说，但行动已表明一切，这让本来已经刻不容缓的局势更加紧张。回避沟通，用行动表达情绪的时间越长，对人际关系的伤害就越大，引发的后果也就越严重。

处理不当

除了回避关键对话，我们的另一问题是对关键对话处理不当。在这些紧要关头，我们往往把自己最坏的一面表现出来：夸大事实，大声嚷嚷，前后矛盾，口不择言。可悲的是，在关键对话中，**最重要的时候往往也是我们表现最糟糕的时候**，这可真是够讽刺的。

为什么会这样呢？

人类的自然基因使然。 当普通对话变成关键对话时，我们的直觉会跳出来跟我们作对。强烈的情绪让我们无法进行有效的沟通。经过无数代人遗传下来的基因让我们把人际关系的威胁等同于人身威胁，对二者做出同样的反应。每当我们感到威胁，第一反应就是战斗或逃跑，而不是倾听和沟通。

我们不妨来看看关键对话发生时人们会出现怎样的变化。例如，对于一件和你有莫大关系的事件，有人表达了一些和你不同的看法。在此信号下，你的身体觉察到了威胁，马上做出保护你人身安全的本能反应。肾脏上方两个小小的腺体开始大量分泌肾上腺素，注入你的血液。在这种激素的影响下，你的大脑开始调整任务级别，把血液从它认为不重要的活动（比如周全得体地开启一场对话）中调离，输送到高度紧急的生存任务上（比如还击或逃跑）。于是血液大量涌向四肢，大脑中进行更高级别理性判断的部分变得供血不足。换句话说，当面对充满挑战的关键对话时，你的大脑配置变得和啮齿类动物差不多。这时你的身体准备应对的是一只向你发起攻击的剑齿虎，而不是老板、邻居或亲人。

我们都处在压力之下。 关键对话经常是毫无征兆地出现。由于事发突然，你不得不随时随地做出高度复杂的人际互动行为。显然，此时的你没有书本和教练可以依靠，也没有休息时间，可以让你去求助场外社交专家，请他们帮你出谋划策。

看看我们需要面对的是什么——棘手的问题、不依不饶的对手、在肾上腺素的冲击下几乎无法理性思考的大脑。难怪我们在关键对话时说的话和做的事在当时觉得合理，事后却往往觉得非常愚蠢。

你自己也疑惑："我当时在想什么呢？"其实你应该问："当时我用脑子想这个问题了吗？"

事实是，你想要处理复杂的人际关系问题，但你的大脑配置只够你保证自己的生存。说到这儿，你应该庆幸自己没有中风。

实际情况是，我们被关键冲突问题难倒了。我们不知道从何处入手开启关键对话。我们之所以会把关键对话搞砸，另一个原因是很少在现实生活中看到成功进行沟通的行为模式。比方说，你已经准备好了要进行一场关键对话，甚至在大脑中反复演练了几遍。你觉得万无一失了，感到非常镇定自若，这样就能成功了吗？只怕未必！你还是有可能犯错，因为练习并不会带来完美，只有完美的练习才会带来完美。

这就是说，首先你必须清楚什么是正确应对的关键对话。你可能从朋友、同事甚至父母身上见过太多反面教材，曾在心底数次发誓，绝不重蹈他们的覆辙。你见过奶奶批评爸爸做错人生重大选择，他一边生闷气一边点头的场景；也见过妈妈用尖刻的讽刺回怼别人的样子；还有你的第一个老板，以"如果没有好话可说，那就什么也别说"为座右铭，至少在那个让他没有好话可说的人离开之前不要说话。

身边没有正确的模式可以参考，你该怎么办呢？和大多数人一样，你会采取临场发挥的办法来应对问题。你东拼西凑地组织语言，让它们听起来没有威胁性，希望对方马上同意你的观点。但是，因为你并未真正懂得如何安全地提出话题，或是如何妥善地回应别人的意见，你的尝试往往会失败，从而导致解决问题的时间变长。

我们经常是在搬起石头砸自己的脚。在大脑缺血、思维混乱的状态下，我们选择的应对关键对话的策略恰恰是最无法帮助我们实现目的的策略。我们成了自己最可怕的敌人，却对这一点浑然不觉。

举个例子来说，你的另一半最近越来越不关心你，你知道对方的工作很忙，可你还是想多一些在一起的时间。你有意无意地暗示过对方几次，但对方始终没有积极回应。最后，你决定不再给对方增加压力，你选择了缄默以对。当然，因为对这个结果多少有些不爽，你开始找机会用各种冷嘲热讽来表达自己的不满。

"哟，又回来晚了？我跟网友的关系都比你亲近！"

不幸的是（这正是我们弄巧成拙，把问题变糟的原因），你越是冷嘲热讽，对方就越不愿和你在一起。而对方越是不愿和你在一起，你就会更加气恼，如此这般便形成一个恶性循环。换句话说，你的行为非但没有解决问题，反而导致了更加严重的、你不愿看到的后果。你陷入了一个不健康的、自我伤害的怪圈。

再比如，你的室友泰瑞经常厚脸皮地穿你和其他室友的衣服。有一天出门的时候，这哥们儿大言不惭地说从你们每人那里取了一件衣服。你看到了泰瑞的裤子、斯科特的衬衣、克里斯新买的全套鞋袜——难道他穿的是你的……

毫无疑问，你的反应肯定是私下说泰瑞的坏话。可是有一天，他碰巧听到了你在朋友面前贬低他，这让你感到非常尴尬，从此开始躲着他。这下可好，为了泄愤，你不在寝室的时候，他不但穿你的衣服，吃你的零食，还大模大样地用你的电脑。

我们再来看一个例子。你是一位女性，你所在的项目组由一位男性负责。过去两个月来，你发现在头脑风暴时，每当男性组员发表意见，他都若有所思地点头，说："想法很好。"但每当女性组员发表意见，他就连看都不看，只是低声说："好的。"第一次开会出现这种状况时，你很好奇。你觉得最好提醒他注意一下，但是你不想项目刚开始就得罪他，所以决定不说为好。等到第二次开会又发生同样的事情时，你确信他可能一贯如此，而且很可能积习难改。等到第八次发生同样的事情时，你变得义愤填膺，怒不可遏。他注意到你的愤懑，认为你要么是不尊重他，要么是在蓄意破坏他的项目，但是他没有找你询问清楚，而是暗中对你有了很深的成见。于是他开会时很少往你这边看，而且把你建设性的意见都当成了对他的人身攻击。

你和项目负责人都陷入了适得其反的恶性循环。你们越是憋着火不说，就越容易做出让对方鄙夷的行为。

在上述这些恶性循环的例子中，风险一路攀升，对话双方的意见各不相同，参与者的情绪高度紧张。其实，在其中一些例子里，刚开始的时候风险非常低，但是随着时间的推移和情绪的累积，双方关系开始出现不和，生活质量随之下降，这一切都使得风险越来越高。

此事有解

在问题进一步拖延，发展到失控状态前，有没有办法通过对话有效解决问题呢？

办法是有的，我们可以通过学习关键对话，获得有效处理和解决难题的方法和技能。当你对这些方法成竹在胸时，你就不会在对话面前犹疑退却。你会知道取得满意的结果是可能的，而且你也能够营造一种氛围，让大家可以放心大胆地讨论自己关切的事情。本书的目的就是教授这些技能，让我们能够通过对话来解决难题。

现在，让我们来看看这些技能如何改善我们生活中的方方面面。

▶ **解决离婚问题**

本书中的技巧将帮助你妥善处理人生中一些至关重要的问题。本书作者之一埃米莉·格雷戈里在面对一个足以改变人生的决定时，运用了这些技巧，让一切都大不相同。

请扫描二维码，观看视频"解决离婚问题"，了解她的故事以及关键对话技巧的力量。

调研：关键对话技巧如何让你的人生更精彩

通过数十年的调查研究，我们发现凡是牢固的关系、稳定的职业、成功的企业或和睦的社区，无一不得益于这样一种相同的力量，即面对高风险、情绪化和充满争议的话题时公开探讨的能力。

以下是我们研究结论的一小部分内容。

提升个人影响力

掌握关键对话的技能有助于你的职业发展吗？当然。我们对 17 家机构开展了一系列调研，从中找出了上千名"意见领袖"。下一章会详细阐述什么是意见领袖，现在你只要知道他们是一些以其出色的能力和洞见受到同事和老板钦佩的人就可以了。说到意见领袖，人们最津津乐道的是他们能用别人难以企及的方式提出情绪敏感或政治敏感的话题。同事羡慕他们有对当权者讲真话的能力和勇气。当人们拿不准用什么方法告知高级管理层他们脱离了现实时，往往是这些具备沟通技能的人站出来，缩短了从发现问题到解决问题的间隔时间。

我们都见过因为沟通不畅而影响职业发展的案例。你可能也有过这样的经历。在一种不健康的行为模式中忍了好久，你终于把问题说了出来——但有点太过突兀。唉，真是失败！又或者，一个棘手的问题让你的同事都噤若寒蝉、集体沉默。此时，你决定要说一些话。显然，这可不是什么轻松愉快的话题，可总要有人有勇气站出来，以免老板做出什么愚蠢的决定（倒吸一口凉气）。

从三四岁开始，大多数人就在不知不觉中形成了一个危险的观念：我们经常必须在说真话和维持友谊之间做出选择。我们一再推迟本可以解决问题和增进关系的对话，使得拖延成了我们生活的常态。而有问题不说，累积的情绪通过行动表达出来，又让双方之间产生了疏离和怨恨。

对于经常面对关键对话，而且能够轻松化解问题的高手来说，他们总是能够明确表达充满争议甚至是风险的观点，而且能保证对方完全理解自己的意思。无论是和自己的老板、同事还是下属进行沟通，他们不但能让对方明白自己的观点，而且能让对方心服口服地接受，而不会表现出抵触感或愤怒感。

我们反复观察了这些意见领袖如何在讲真话的同时又能维持关系。看到他们沟通的方式实际上增进了双方的关系，我们着实惊叹不已。我们发现，真正能增进关系的唯一途径是说真话，而不是绕道而行。

那么你的职业发展又怎么样呢？你在工作中是否也存在令人不敢面对

或难以驾驭的关键对话呢？这种情况是否破坏了你的影响力呢？更重要的是，如果能够提高处理关键对话的能力，你的职业发展是否会因此出现积极转变呢？

改善你的组织

如果说一个组织的绩效也取决于高度个人化的关键对话能力，会有人认同吗？

无数研究结果表明，事实的确如此。

30 年前开始这项研究时，我们企图寻找的是所谓的**关键时刻**。当时我们脑中想弄清楚的是："是否有这样一些时刻，一个人的小小举动对一些关键绩效指标造成了巨大影响？"如果的确存在这种现象，那它们应当是怎样的时刻？在其出现时，我们又该怎样行动呢？

正是这项研究把关键对话引入了我们的视野。我们发现在很多情况下，当人们必须面对棘手问题并引发成功或失败的处理结果时，他们的人生往往会发生巨大的变化，如下所示。

沉默是把杀人刀！一位医生准备给病人做静脉注射，但他并没有按规定戴上手套和口罩，也没有穿防感染的手术服，而这些都是保证患者安全必须遵守的工作流程。虽然护士提醒他要做必要的防护工作，但这位医生并没有听劝，而是继续我行我素。在对 7000 多名医生和护士的调查中，我们发现医疗工作者几乎每时每刻都会面对此类关键时刻。实际上，84%的受访者表示，他们经常看到有人在这方面图省事，表现得不够专业或是完全违反安全操作规定。

可是，这还不是问题的关键！

问题的关键在于，那些发现违规操作的人**并不会提出异议**。在全球范围内，我们的调查发现，敢于在这种关键时刻指出问题的护士比例不到8%。与此类似，医生在面对关键对话时敢于挺身而出的比例也很低，和这个数据差不多。

当他们不敢说出内心的真实想法时，当他们逃避关键对话时，结果必然会影响患者安全、护理人员流失率、医生满意度和护理工作效率。

沉默是失败之母！我们再把目光转移到企业界，对公司总裁和管理者来说，最让他们头疼的问题是员工之间各自为政。这些员工并不是不优秀，他们在自己部门内的表现非常出色。但是，在跨部门合作的项目中，有将近80%的项目所花费的成本远高于预期，产出却低于预期。那么，问题到底出在哪里呢？

为此，我们调查了全球数百家企业的2200多个跨部门合作项目，得出的结果令人吃惊。现在，我们有将近90%的把握可以成功预测哪些企业项目会失败，而且提前几个月或数年就能准确做出预测。我们对项目成败的预测指标很简单，就是参与者能否成功应对与之相关的具体关键对话。例如，当项目范围和进度安排不合理时，他们能否直言不讳地和上级进行讨论？当其他部门的员工消极配合时，他们是否装作视而不见？当项目主管没有尽到管理和领导责任时，他们会做出怎样的反应？

在我们调查的大多数企业中，员工在遭遇此类关键问题时都会保持沉默。而在那些员工敢于表达关注、有效应对关键问题的企业中，这些项目失败的概率会减少一半左右。项目失败的时候，表面上通过关键绩效指标显示出的问题是成本大幅上涨、交付时间延迟和员工士气低落。但我们的研究表明，导致失败的根本原因正是员工在关键时刻不愿或无法发声。

我们的研究发现，那些员工善于应对关键对话的企业具有以下优势。

- 对经济衰退的响应速度比其他公司快 5 倍，它们对预算的调整要比其他公司机智灵活得多。
- 在避免伤亡等安全事故方面，其能力比其他公司高出 66%。
- 员工选择一次正确应对关键对话而不是逃避，可为企业节省平均 1500 美元的成本和 8 个小时的工作时间。
- 对远程工作团队来说，可显著提高信任度，降低交易成本。无法正确应对关键对话的远程工作团队受到背后伤人、流言蜚语、暗中破坏、间接攻击等困扰的概率，是本地团队的 3 倍。
- 影响并改变那些霸凌、搞阴谋、不诚实或能力不足的同事。在对 4000 多名受访者进行调查时，其中 93% 的人称，在他们所在的企业这些人几乎是"不可接触的"，往往在其岗位上工作 4 年或者更久，但从来没有承担过任何责任。

关于提升组织绩效的问题，很多管理者的观点其实都是错误的。他们认为，组织的生产率和绩效只与组织规定、工作流程、管理结构或政策体制有关。因此，当企业的软件产品无法及时发货时，他们会针对其他企业的开发流程调整自己的进度；当生产率下降时，他们调整的是绩效管理体系；当团队之间合作不畅时，他们想到的是结构重组。

但是，我们的研究表明，流程和制度类的变革失败的次数多于成功的次数。因为问题出现的真正原因根本不在于实施新的流程，而在于促使员工更好地承担起在生产流程中应负的责任。显然，这就需要管理者具备应对关键对话的能力。

在糟糕的企业中，表现不佳者无人关注，充其量被换到另一个岗位上继续混事儿。在一般的企业中，最终要面对各种问题的是老板。但是在优秀的企业中，每个人都会督促其他人承担责任，无论对方的职位有多高，权力有多大。换句话说，企业实现高生产率并不是靠静态的体系或制度，而是通过成功应对面对面的关键对话。

那么你呢？你的组织在通往某些重要目标的过程中是否也遭遇了瓶颈呢？在你的组织里，对于那些政治敏感或情绪敏感的问题，从发现问题到沟通问题的间隔通常是多久？大家面对关键对话时是挺身而出还是默默走开？通过改善应对关键对话的能力，你的工作表现能否得到显著提升呢？

改善你的人际关系

关键对话处理不当是否会导致失败的人际关系呢？如果你去问那些情侣为什么分手，他们通常会说是因为观点不和。很多夫妻在如何管理财务，如何营造浪漫生活或是如何抚养孩子等问题上确实会存在不同的观点。

实际上，对于生活中的重要问题，**每个人**都会有和他人不同的看法，但并不是每对情侣都会因此分手，真正造成这种结果的是他们讨论问题的方式！

例如，心理学家霍华德·马克曼（Howard Markman）研究了那些因激烈争吵而痛苦的夫妻，发现他们的行为模式可以分为三类：第一类是动辄以言语威胁对方，互相叫骂；第二类是沉默寡言，在内心蓄积不满和怒火；第三类是开诚布公、彼此尊重、就事论事。

通过对这些夫妻进行数百小时的观察，马克曼和他的科研伙伴克利福德·诺塔利斯（Clifford Notarius）对他们的关系走向做出了预测，然后在接下来 10 年的时间里对观察对象进行后期跟踪。令人不可思议的是，他们对某些夫妻做出的离婚预测，准确度竟然接近 90%。[1] 更重要的是，他们发现只要帮助夫妻掌握应对关键对话的能力，其婚姻走向失败或遭遇不幸的比率会显著降低 50% 以上！

那么你呢？你生活中重要的人际关系如何呢？是不是也存在让你想逃避或总是处理不当的关键对话呢？你有没有对一些问题避而不谈，却鲁莽地去管别的问题？你是不是有意见憋着不说，最后却脱口而出一些讽刺或伤人的话？当你们之间的关键对话对你具有至关重要的意义时（毕竟，他们是你最亲近的人），你会做出错误的举动吗？如果会，那你一定要好好阅读本书，掌握应对关键对话的技巧。

改善你的个人健康

如果读到这里，本书还是没有引起你对关键对话的足够关注，那我们再来换个角度。你相信掌握关键对话能力可以帮助你生活得更健康长久吗？

首先，它能改善你的免疫系统。贾尼斯·科克尔特·格雷西和罗纳德·格雷西医生曾做过一项突破性的研究，他们的研究对象是平均婚龄达42 年的夫妻。通过把这些夫妻分成喜欢争执的一组和善于用沟通的方式有效解决问题的一组，两人对他们的免疫系统进行了对比调查。结果发现，争执并不能缓解长期冲突给身体带来的毁灭性打击。事实正相反，和那些能够有效解决问题的夫妻相比，无法正确处理关键对话的夫妻在免疫系统和健康状况方面要差很多。[2]

其次，它能提高绝症的生存率。在一项非常具有启发意义的医疗研究中，一群接受传统治疗方式的恶性黑色素瘤患者被分成了两组。第一组在6 周的时间内每周聚会一次，第二组则不安排聚会。此外，调查者还负责教授第一组患者掌握特定的沟通技巧。

在完成 6 次聚会之后，调查者对患者展开了为期 5 年的跟踪。结果发现那些学会有效表达自己看法的患者，其生存率大大高于另一组，两组的死亡率分别为 9% 和 30%。[3] 这项调查研究的意义可以说非常深远，我们只需稍微改善患者自我表达的能力以及和他人沟通的能力，就可以使绝症致死率下降 2/3。

除了本项研究，还有大量的研究证明沟通方式或逃避沟通的做法会对我们的健康产生显著的影响。我们内心郁积的负面感受、我们承受的痛苦情绪以及我们忍耐的打击煎熬，最终会慢慢摧垮我们的身体。有些时候，失败的对话所产生的影响只会给我们带来一些小问题；还有些时候，它们会给我们造成大麻烦。不管怎么说，失败的对话从来不会让我们感到快乐、健康和幸福。

那么你呢？哪些对话让你内心备受折磨？哪些对话（如果你敢于面对或改善它们）会改善你的免疫系统，帮助你抵御疾病，提升你的生活质量和身体健康呢？

小结：何谓关键对话

当对话风险巨大、观点不同、双方情绪强烈时，普通的对话便会升级为关键对话。充满讽刺意味的是，对话内容越关键，我们正确处理问题的能力就越差。当我们无法正确处理关键对话时，生活中所有重要的方面都会因此受到不利影响，包括我们的企业、事业、圈子、人际关系，甚至是我们的身体健康。而且拖延时间越长，我们受到的不利影响就越大。

面对这种情况，本书便是你的福音。如果我们掌握了书中介绍的实用技巧，学会了如何面对关键对话并顺利解决问题，我们的生活便会在各个方面出现积极的变化。

那么这些极其重要的实用技巧到底是什么呢？那些熟练驾驭关键对话的高手通常是怎么做的呢？最重要的是，我们能否也表现得如此优秀呢？

第 2 章

掌握关键对话

当我们面对重要问题保持沉默时，我们的生活便
开始上演悲剧了。

——马丁·路德·金

　　说实话，我们不是从一开始就关注关键对话问题的，而是因为一个偶然的机会才开始研究它。

　　多年来，我们为很多领导者提供了咨询服务。他们来自各行各业，努力为组织推行重大变革。我们的咨询方法之一是帮助他们找出散落在组织各处的意见领袖，以期通过这些意见领袖的作用推进组织的变革。我们寻找意见领袖的方法非常简单。第一步是问人们在工作中遇到困难时会首先向哪两三个人求助。在过去几十年中，我们共调查了数万个对象，请他们说出所在组织中善于解决棘手问题的高手。我们要寻找的目标不只是具有一定影响力的人，而是那些比常人影响力要大得多的意见领袖。

在整理这份名单时，我们发现了一个有趣的现象。有些人的名字被一两位同事提起，有些人的名字被五六位同事提起。这些人无疑具有一定的影响力，但还不足以被广泛认定为对话高手。还有一小部分人，他们的名字被 30 多位同事提起。他们是真正的对话高手，在自己的领域里能够促成重大事件的发生。在这些意见领袖中，有些人是管理者和监督者，但更多人其实只是普通员工。

这些意见领袖中有一位名叫凯文，他是我们很感兴趣的一个调查对象。凯文是某公司的 8 位副总之一，但只有他具有无与伦比的影响力。这一点让我们感到很好奇，想知道为什么会出现这种情况。于是，我们开始观察凯文是怎样开展工作的。

一开始，凯文并没有什么特别的表现。实际上，他的做法和其他副总毫无二致。他也像别人一样接电话，像别人一样和下属谈工作，每天都在重复同样的工作。

意外发现

跟踪凯文差不多一周后，我们不由得感到怀疑，他是不是真的与众不同，他有影响力是不是纯粹因为大家喜欢他。就在这时，我们注意到了凯文在一次公司会议中的表现。

在这次会议上，凯文及其同事和公司老板一起讨论选择新办公室搬迁地点的问题——是在另一个城市、另一个州还是另一个国家建立新办公室？首先两位副总谈了谈自己的看法，不出所料，他们的观点遭到了整个团队的质疑和盘问。这个决定事关重大，任何细节都马虎不得，任何结论都必须反复推敲。

这时，公司首席执行官克里斯提出了自己的看法，一个非但不受欢迎，而且有可能给公司带来灾难的结论。可是，当大家试着表示反对或劝阻时，克里斯似乎有些反感。谁让他是大老板呢，他压根儿不用威胁大家就可以随心所欲地做出决定。实际上，他的表现已经有些自我防卫的意味了。一开始他扬了扬眉头，然后举起了手指，最后甚至提高了语调。虽然只是升高了一点点语调，但大家很快就意识到问题了。没人再表示质疑，克里斯提出的方案静悄悄地得到了一致通过。

准确地说，这个方案差一点就通过了，而凯文就在这个时候表态了。他的话很简单："克里斯，我能和你讨论一个问题吗？"

就是这句简单的话，几乎把会议室里的人吓了一跳，大家连大气都不敢出。可是，凯文并不在乎同事的表情，继续表达自己的看法。在接下来的几分钟内，他指出克里斯的做法违反了公司制定的决策流程，他是在利用权力谋取私利，企图让新的办公室落户到自己的家乡。

凯文继续指出自己观察到的事实。说完之后，克里斯沉默了一会儿，点点头说道："你说的没错，我刚才的做法的确不妥，是在向你们强加自己的观点。好吧，我们重新讨论这个问题。"

看，这就是关键对话，凯文的表现无懈可击。他既不像同事那样沉默应对，也不像其他人那样试图把观点强加给对方。他的做法不但坦率诚恳，更重要的是充分表达出了对克里斯的尊重。这一幕简直让我们大开眼界。至于会议的结果，大家最终选择了一个理想的方案，老板对凯文的直言不讳表示了由衷的赞赏。

会议结束后，凯文的一位同事对我们说："你们看到刚才的情形了吗？要是你们想知道凯文是怎么解决问题的，那就搞清楚他刚才做了什么。"

于是，我们便开始对这种行为模式展开了研究。实际上，我们随后用了 30 年的时间去研究凯文这样的对话高手到底是怎样做的。我们发现，这些人之所以能够在关键对话中脱颖而出，是因为他们有能力避免做"傻瓜式选择"。

换句话说，凯文的独特之处并不在于他的观点有多么高明。实际上，在会议中除了老板之外的每个人都看得出这个方案行不通。但是，明知道这样是错误的，他们仍然选择违心地接受不利的结果。可以说，除了凯文之外，大家都毫无例外地认为摆在他们面前的只有以下两种选择。

- 选择一：当面表示反对，把公司老板惹恼。
- 选择二：默不作声，跟随老板做出有可能毁掉公司的错误决定。

大多数人在关键对话中犯的错误，就是认为自己只能二选一，要么说真话，要么维持友谊。我们在第 1 章说过，这种"傻瓜式选择"早在我们的童年时代就已经深深植入了我们的意识之中。比如，奶奶端上了她的拿手菜——一大块加了冰激凌的蔬菜馅饼，笑眯眯地问："喜欢吗？"实际上，她**真正**想问的是："你喜欢我吗？"当我们毫不犹豫地说出讨厌青菜，看到她脸上吃惊而受伤的表情时，我们不由得暗自警告自己："从今往后，如果必须在说实话和顾面子之间做出选择，我一定要加倍小心！"

摆脱"傻瓜式选择"的困扰

从那天起，我们发现原来生活中有很多这样的时刻，跟老板、同事、亲人，还有插队的人，你时常要选择是说真话，还是顾面子。遇到这样的问题，你经常拖着不解决，久而久之，拖延成了你的生活方式，而后果也接踵而至。

正因为如此，我们对凯文这类对话高手的研究具有非常重要的意义。我们发现，有一小部分人拒绝做出"傻瓜式选择"，他们的目标和普通人的目标完全不一样。以凯文为例，当他冷静地开口表达自己的看法时，心中考虑的最为关键的问题是："我该怎样做才能对克里斯百分之百地坦诚，同时又保证百分之百地尊重对方？"

在那次会议之后，我们开始四处寻找像凯文这样的人，结果发现世界各地都有他们的影踪。我们在企业界、政府机构、学术界和非政府组织中都发现了他们的身影。其实，要寻找这样的对话高手并不难，因为他们从来都是各种组织机构中最有影响力的员工。他们不但拒绝做出"傻瓜式选择"，而且在行动方式上表现出远超常人的娴熟技巧。

他们具体做了什么？凯文跟他的同事也没那么不同。他的做法别人也能学会吗？

要回答这个问题，我们首先要研究凯文能做到什么，这样能帮助我们了解该朝哪个方向努力。接下来，我们要研究对话高手经常使用哪些有效的技巧，并且学习在关键对话中运用这些技巧。

对话

在和他人展开关键对话时，对话高手总是能找到某种方式，公开传达各种相关信息（包括自己和他人的信息）。

这就是秘诀所在，成功的对话关键在于相关信息的自由交流，即双方愿意公开坦诚地表达自己的看法，分享自己的感受，说出自己的猜测。即使要表达的观点是充满争议或不受欢迎的，他们仍愿意且能够积极和对方分享。我们研究的沟通高手，包括凯文，在对话中都能做到这一点。

他们所做的就是行之有效地展开对话。

对话指两人或多人之间观点的自由交流。

谈到对话，我们有两个问题。第一个问题是，观点的自由交流是如何保证对话成功的？第二个问题是，怎样做才能鼓励对话者实现观点的自由交流？

对于第一个问题，我们会在本章进行说明。对于第二个问题，怎样做才能在最重要的时候实现有效对话，我们将会在其余各章做出回答。

构建共享观点库

在和对方展开对话时，每个人都会有自己的观点和感受。这种观点和感受的独特组合会构成我们个人的观点库，它不但能让我们形成对问题的看法，而且能驱使我们的每一个行动。

当两人或多人进行关键对话时，毫无疑问我们都有属于自己的观点库，这些观点库彼此之间并不一致。我们的看法往往大相径庭，我有一套观点，你也有一套观点；我有我的经历，你也有你的经历。

在这种情况下，对话高手的做法是努力营造一种安全氛围，让双方都愿意向共享观点库中添加信息，哪怕这些观点乍一看多么离谱或富有争议。显然，此时此刻他们并不会同意所有的看法。他们只是努力做出一种保证，保证双方都能开诚布公地表达任何意见。

共享观点库的充实可以为对话者带来两方面的帮助。首先，由于双方接触的信息变得更加准确、相关度更高，他们肯定会做出更好的选择。可以说在实际对话中，共享观点库可用来衡量对话小组的智商高低。共享观点库内容越丰富，最终做出的决定就越明智。

与此相反，如果共享观点库内容贫乏，必定会导致严重的决策危机。当人们有意限制和对方共享看法时，即使一些聪明人在一起也会做出愚蠢的决定。

例如，我们的一位客户曾讲过这么一个案例：

一位女士到医院做扁桃体切除手术，结果手术小组错误地截去了她脚的一部分。为什么会出现这种令人吃惊的情况呢？大家也许不知道，在美国每年约有 22 000 起医疗致死案是人为失误造成的，其原因到底是什么呢？[1] 我们发现，部分原因是医疗工作者不敢说出内心的真实想法。在这个案例中，至少有 7 位相关人员心存疑虑，不明白为什么要对患者的足部进行手术，但遗憾的是没有人主动表明自己的看法。正是因为人们不敢畅所欲言，观点才无法得到自由交流。

当然，医院并不是唯一会出现这种问题的场所。遇到精明、自信、直率、高薪的老板，人们往往倾向于抑制内心的真实想法，不敢冒犯掌握权力的上级。

与此相反，如果人们能随心所欲地表达内心的真实想法，可以在对话中自由交流各自的观点，共享观点库可以极大地提升双方做出更好决策的能力。例如，在凯文的案例中，当管理团队中的每个人都能表达自己的看法时，大家就会对整个问题形成更明确、更完整的看法。

在此过程中，随着大家开始理解不同提案的原因，他们开始互相补足和借鉴。最后，观点会引发新的观点，看法会导致新的看法，对话者会形成最初谁也没有想到的方案，并且对新的方案表示全力支持。换句话说，观点的自由交流最终带来的是这样的结果——整体思维（最终选择）的力量远远大于个体观点的总和。简而言之就是：

共享观点库是实现协同效应的前提。

当对话者能够开诚布公地共享看法时，他们会明白为什么共享式决策是最佳的解决方案，同时也会致力于采取行动。凯文和其他副总不肯接受最终选择是因为他们未能参与对话，只有在充分理解对方的观点之后，他们才能做出最佳决策。

与此相反，如果人们未能参与交流，而是在敏感的对话中保持沉默，这种做法不会为最终决策带来任何好处。他们的观点都停留在他们的大脑中，从不拿出来和对方共享，最终只能导致无声的反对和消极的抵制。同样，如果有人强迫施加自己的观点，人们往往很难接受此类信息。他们表面上会表示赞成，但实际上是在违心地执行错误的决定。用塞缪尔·巴特勒（Samuel Butler）的话说就是："违心服从的人仍然保留着自己的看法。"

相对于构建共享观点库所花费的时间，对话者可以获得更快的决策过程、更统一的意见和更投入的决策执行，这些收获显然要比投入的成本大得多。

例如，如果凯文和其他管理者无法积极投入公司搬迁事宜的对话，很可能会出现非常严重的后果。有些人同意搬迁，有些人不同意搬迁；有些人会展开激烈的讨论，有些人则沉默不语，暗中抵制通过的决定。这种情况往往会迫使大家重新举行会议，再次讨论，再次决策，因为同意该方案的只有一个人，但它的结果却影响着公司的每一个人。

当然，请大家不要误会。我们并不是说每个决策都必须全体通过，也不是说公司老板不能参与决策或是独自拍板。我们只是想说，无论使用哪种决策方式，由谁做出决策，只要共享观点库的内容越丰富，对话者做出的选择就会越好，意见就会越统一，行动就会越有力。

如果我们在对话中陷入争吵、逃避或是表现得漠不关心，那是因为我们不知道该如何和对方共享观点。我们不会展开健康的对话，而是在玩一场代价不菲的游戏。

例如，有时候我们会陷入沉默，和对方玩"哑巴"游戏，即不敢面对掌握权力的人。在家庭生活中，我们会和自己的另一半上演"冷战"游戏。这是一种折磨人的做法，为了吸引对方的注意力，我们总是故作冷淡。（这是什么逻辑？！）

有时候，我们会通过暗示、讽刺、影射和流露厌恶神情的方式来表达自己的观点。我们会表现得煞有其事，做出一副准备时刻帮助他人的样子。由于不敢面对某个人，我们往往会把问题推到整个团队身上，希望能用这种方式解决问题。显然，不管使用哪种手段，这些方法的结果都是一样的，即限制了和对方的观点交流，我们在对话中陷入了沉默。

还有些时候，由于不知道该如何维持对话，我们会错误地向观点库中强加自己的看法。这时，我们便会诉诸情感暴力，从言语中伤到智力上的欺凌，再到直接的言语攻击，无所不用其极。我们往往会表现得无所不知，希望对方能接受自己的观点。我们贬低别人，使用手段来达到目的。我们狐假虎威地利用上司的权力，将个人看法凌驾于他人之上，肆意诋毁、攻击对话对象。当然，这些做法的目的只有一个——迫使对方接受我们的观点。

总而言之：当对话风险很高，双方观点不同，对话者情绪极不稳定时，我们往往会表现得非常糟糕。为了改变这种状况，我们必须想办法说明自己观点库中的内容，特别是那些高风险、极度敏感和极富争议的观点和想法，然后努力帮助对方分享他们的观点库。为了做到这一点，我们必须开发一套工具，为讨论此类棘手问题和构建共享观点库提供安全的环境。

对话技巧是可以习得的

值得欣慰的是，掌握高风险互动所需的技巧很容易理解，也比较容易学习。首先，我们来看看处理得当的关键对话有多大魅力。在面对高风险、情绪化和充满争议的对话过程中，如果看到有人能轻松地化解危机，我们的第一反应肯定是佩服得五体投地。我们从未想过，原来这样棘手的问题也能如此顺利地得到解决，这种能力的确令人叹服。

更重要的是，对话技巧不但易于理解，而且学习起来也不费力。这就是本书后面要讨论的内容。通过数十年的深入研究，我们把对话高手常用的技巧进行了总结和提炼。首先，我们密切跟踪凯文等对话高手的表现，对他们展开的关键对话做了详细的记录。然后，我们把观察到的事实加以对比，检测假设，改善模型，直到提炼出那些最关键的能力技巧。最后，我们把所有的理论、模型和技巧整理成一个易学工具包，即关键对话模型。接下来，我们会教授大家这些技巧，以行为表现和人际关系是否得到改善为标准对学习结果进行衡量。

下面我们即将进入正题，和大家分享我们在研究过程中的发现。跟我们一起学习，如何把令人生畏的关键对话转变成成功的人际互动吧。这绝对是你一生中最值得掌握的重要技巧。

鲍比的关键对话经历

我的关键对话经历开始于 2004 年被初次派驻伊拉克执行任务的前夜。当时，由于过去的种种经历以及观点上的严重冲突，我和家人之间的关系非常紧张。到伊拉克参战的决定让这种关系变得更加严峻。那天晚上，父亲提出了一个用意良好但非常具有诱导性的问题，这个问题把我气疯了。接下来的几个小时，我的反应越来越激烈，影响到了所有家族成员。兄弟姐妹、表亲、叔叔、阿姨、父母、孩子和祖父母分成了两派，有人向着我，有人向着我父亲。

当我带着一排士兵在巴格达街头执行任务的时候，我的家庭纽带在继续瓦解。妻子在家带着我们 1 岁的孩子，还怀着我们的第二个孩子。在我驻外期间，家里的情形变得越来越糟糕。当我结束 14 个月的战斗任务回国后，家里每一代人的家庭都已支离破碎。我和父亲之间的沉默持续了 5 年。

就在这时，关键对话拯救了我和父母之间的关系。我的一位邻居是关键对话培训师，在我第三次赴伊拉克执行任务之前，他邀请我去参加培训活动。出发前几周，我跟父亲联系，告诉他我即将再赴伊拉克参加战斗，还跟他讲了我两个孩子的情况。他还从来没见过这两个孩子。我跟他说，我不想再犯 5 年前的错误，想和他当面谈一谈，他同意了。

在美丽的夕阳下，我和父亲在休斯敦家中的阳台上长谈了 3 个小时，谈了我们之间长期积累的痛苦和怨恨。在此过程中，我一直牢记在培训中所学的技巧，坦率地说出内心想法，努力营造诚实和尊重对方的对话气氛。当然，这场对话进行得很艰难，为了坦诚面对问题，有好几次我们又差点陷入愤怒情绪。我不停地告诫自己，我的目标是要修复和家人的关系，正是在这样的努力下才使棘手的问题得到化解。

谈完后，我们和母亲见面，一起共进晚餐。母亲是我多年来愤怒情绪的最大受害者，她一直怀疑我能否改变爱争斗、好挖苦、小心眼和独断专行的毛病。在父亲的帮助下，她终于意识到我现在学会了尊重他人，有了忏悔之心，懂得了如何寻找共同目的。我现在和妻子、四个孩子和父母的关系都非常好。我们一致同意，再也不用沉默来掩盖问题了。

我现在良好的家庭关系完全得益于阳台上的那次关键对话。如果我没有把所学的技巧加以应用，我和父亲之间的关系肯定会被愤怒和冷漠冰封。我应当感谢那位邻居，没有他的帮助我不会接触到关键对话，自然也就没有今天取得的成功。

我们的目标

接下来，我们将一一探索人们用来营造对话环境的技巧。虽然实际生活中的关键对话很少按部就班地遵循完美的流程，但是为了使读者查找方便，本书会按照关键对话的时间顺序来讨论原则和技巧。例如，第一部分（"如何准备对话"）讲述了"准备对话的原则"——为了确保对话成功，你在开始前都需要做哪些准备。如果没有选对话题（第 3 章"选择话题"），树立正确的动机（第 4 章"从心开始"），管理好情绪（第 5 章"控制想法"），那么双方进行健康对话的可能性就很小。

第二部分是"如何展开对话"。在这一部分，我们将教你如何识别对话出现问题的早期迹象（第 6 章"注意观察"）；如何创建至关重要的安全感，让你几乎可以跟任何人讨论任何话题（第 7 章"保证安全"）；如何以既真实又不会让对方抵触的方式表达自己的观点（第 8 章"陈述观点"）；如何帮助和引导对方说出他们的真实看法（第 9 章"了解动机"）。最后，我们带你去美国落基山脉旁一个非同寻常的学院看看，我们在那里学到了如何平和地面对严厉的反馈（第 10 章"掌控自我"）。

在第三部分（"如何结束对话"），我们将介绍两个重要的工具，协助你完美地结束对话（第 11 章"开始行动"）。

接下来（第 12 章"案例分析"），你将学习表达、倾听和合作的重要技巧，这些技巧让你既能达成对话的目的，又能增进彼此之间的关系。

最后，我们通过一个模型和详细的例子，把本书中讲到的所有理论和技巧都结合在一起（第 13 章"综合应用"）。我们相信，通过不断学习和练习，你在关键对话中一定会越来越自信。

小结：掌握关键对话

　　面对关键对话的时候，大多数人在不知不觉中做出了"傻瓜式选择"，以为我们必须在"说真话"和"维持友谊"之间进行权衡，做出二选一的选择。对话高手拒绝这种错误的非此即彼的选择，他们另辟蹊径，寻找能够兼顾两者的方法：既能百分之百地坦诚，又能百分之百地尊重对方。也就是说，他们寻找的方法是展开对话：对话双方自由地交流观点，构建一个内容丰富的共享观点库。

　　内容丰富的共享观点库能帮助我们做出更好的决策，增进对话双方的关系，更加协同一致地开展行动。本书接下来的章节介绍了易懂易学的关键对话技巧。有了这些技巧的帮助，再遇到关键时刻时你可以通过对话来顺利地解决问题。

第一部分

如何准备对话

关键对话的成功，70% 在于你怎么想，而不是你怎么说。这一部分讲授的技巧是关键对话取得成功的先决条件。这几步做对了，你往往自然就知道该说什么，不该说什么。而忽视这几步，再多的对话技巧和方法也难以弥补前期准备的不足。

在这一部分，你将学习如何确保选对话题（第 3 章"选择话题"），如何树立正确的动机（第 4 章"从心开始"），以及当情绪妨碍对话时，如何理解和管理自己的情绪（第 5 章"控制想法"）。

CRUCIAL
CONVERSATIONS

| 第 3 章 |

选择话题：如何确保选对话题

把问题说清楚，就等于把问题解决了一半。

——查尔斯·凯特灵（Charles Kettering）

你开口进行关键对话的那一刻，就已经决定好了谈什么。我们最大的错误之一，就是以为仅仅因为我们在谈话，我们就肯定在解决真正的问题。事情没有那么简单。如果你讨论的不是**真正的**问题，你会一次又一次重复同样的对话，却总是解决不了问题。

关键对话中同时存在多个话题

人类的互动和关系很复杂。我们在沟通的时候会同时面对多个主要问题、一些次要问题和与之沾边的问题。你可能有过这样的对话。例如，这一刻你以为自己正在跟哥哥商量家庭聚会的事情，下一刻却突然谈起了小时候父母对哥哥失望，对你比较偏爱，所以给你买了新自行车的事情。哇，你在想，自行车的事情是怎么冒出来的？

　　关键对话聚焦在一个问题上的时候最为成功。人类的互动本身就很复杂，我们需要对此留心才能把关键对话聚焦在一个话题上。要做到这样，我们需要认真思考手头的多个问题，分清它们处于哪一层面，然后确定它们的轻重缓急。

　　例如，我们来看一下温迪和桑德琳之间的对话。温迪在一家跨国科技公司担任项目经理。入职三年来，她成功地带领团队完成了无数大大小小的项目。最近她开始与新领导桑德琳一起共事。桑德琳一年前加入公司，是个积极进取、敢打敢拼、志在必得的管理者。之前，桑德琳让温迪为新项目制订一个时间表，现在她们正坐在一起商量时间表的事情：

　　桑德琳：我很高兴你和你的团队参与这个项目。我们看一下时间表。

　　温　迪：这个项目需要 6 个多月的时间。

　　桑德琳：嗯……依我看，你们应该能在这个季度末完成整个项目。

　　谈到这里，关键对话的第一个元素出现了——观点分歧。温迪认为该项目至少需要桑德琳预期时间的两倍。

　　温　迪：幸好我们在上报前就讨论了这个问题，因为这个项目绝对不可能在这个季度末完成。我是说，一般这样的项目需要两倍的时间。

　　桑德琳：这就是为什么一开始我让你来做这个项目，因为你能完成不可能完成的任务。这样，我跟你详细说一下这个事情有多重要。我需要你想办法在这个季度结束前把项目完成。如果不按时完成，其他项目就很难启动。这个安排已经写进了公司总计划。高层团队都在指望着我们，确切地说，是指望着你。

就这样，关键对话的另外两个元素也出现了。对话充满风险，两人的情绪也在攀升。对于温迪、桑德琳以及公司来说，这都是个重要的项目。桑德琳感到压力很大，她开始把压力转嫁给温迪。

接下来发生了什么呢？

温　迪：等等……你同意了？我们还没讨论可行不可行，你就答应了那个最后期限？

桑德琳：哎，温迪，你知道我们今年需要好好赢一把。你看，我可是极力推荐你领导这个项目的。你知道我推荐你的时候怎么说你的吗？我说你有团队精神。难道我错了？

哇，这个对话里面的信息量很大。温迪制订了一个项目时间表，给领导看，但是，砰！整个事情完全搞砸了。她现在不仅需要与领导就项目的时间表达成一致（原来的问题），还面临一大堆其他的问题。想想如果你是温迪，你脑子里会出现什么念头呢？你可能会这么想：

- "我到底怎样才能完成这个项目？"
- "她这是故意想让我失败！"
- "这对我的团队不公平！"
- "我怎么跟家里人说接下来我需要疯狂地加班呢？"
- "我能不能如实说一下我现在是怎么想的？如果说了，我会不会丢掉工作？"
- "我还想从事这份职业吗？我想在桑德琳手下工作吗？"

毫无疑问，温迪现在正面临一场关键对话。但是问题是，谈哪个话题？此时此刻，她应该跟桑德琳谈什么？

为什么我们通常选错了话题

面对类似的复杂问题时，我们很少停下来思考应该讨论哪个话题，而是自动走向了两个错误方向中的一个。

避重就轻。当对话的结果充满风险，双方情绪又比较激动的时候，我们往往倾向于选择一个比较有把握的话题。这通常意味着我们没选那个真正阻碍我们实现最重要目标的问题，而是选择了一个更容易的问题。我们想："我先从这个小问题开始，看看谈得怎么样。"这么做就像在试水，或是想涉水而过但身上不沾一滴水。例如，你认为你的直接下属在某些方面不称职，但你可能避重就轻地只给他或她指出最近犯的一些小错误。你暗自希望，不用你出面说，你的直接下属能自己推断出问题有多严重。你想得倒是很好，但谈话时避重就轻很少有奏效的时候。

只谈眼前。我们谈话的时候往往把重点放在最近发生的事情或行为上，而不是最重要的事情或行为上。如果你觉得开会的时候一个同事老是不尊重你的发言，你会跟他说他刚才不尊重你的事情，却不谈他长期不尊重你的模式。"嗨，"开完会以后你跟他说，"刚才我还没说完的观点你就开始反驳我了。"

你的同事耸耸肩，说："哎呀，抱歉，我可能对我们讨论的事情太感兴趣了。"你说："好吧。"但你心里却在想："你老是这样，你这个以自我为中心的混蛋！"

我们这样做有两个原因。首先，我们记得清最近发生的事情。其次，我们不想让别人指责我们翻旧账。

选错话题的三个迹象

不难预测落入上述两个陷阱会发生什么——我们会进行一场错误的对话，而错误的对话又会让我们陷入困境。

要避免这个错误，我们要学会识别三个迹象。这三个迹象表明我们谈的话题不对。记住这三个迹象。如果你觉察到它们，想象你头脑里有盏黄色信号灯在不停地闪烁，并且发出警告声："话题错了！"这时候，你应该把身体往后一靠，问问自己："真正的问题是什么？"

情绪恶化。当话题错了的时候，即使对话进行得很顺利，你在某种程度上也知道自己并没有在处理问题或解决问题。于是你觉得很受挫，随着对话的进行，这种感觉越来越强烈。温迪在上面的对话中就是这种情况。谈话刚开始的时候，她对自己的时间表很有信心，但是到了最后，她开始担心自己的工作，甚至害怕会不会丢掉工作。这种情绪的急剧变化应该让她意识到了，她面对的已经不再是项目期限的问题，而是有更重要的事情需要解决！

心怀疑虑。当然，你们谈到最后有可能会达成一致，但自始至终你心里都有一个声音在说："不会真的有什么变化的。"或者你们虽然达成一致，但你怀疑对方承诺的改变能否解决真正的问题。不管你们达成什么一致，都只是做做样子而已，你无法实现你真正的目的。

似曾相识。如果你第二次跟同样的人进行同样的对话，那么问题就不在于他们，而在于你自己。是你选错了话题。你说话的时候，如果连对方都觉得这些话很熟悉（因为你跟他们已经谈过一次甚至十几次了），那你肯定没选对话题。

确保话题正确的最好方法之一是善于觉察自己的话题是否选错。记住这三个警告信号，每次觉察到这些信号，就把它们作为线索，身体往后靠一靠，然后问自己："我需要解决的真正问题是什么？"

找到正确话题的方法

在你认识的人中，可能有一个目光锐利、能够准确地指出问题所在的人。例如，在混乱嘈杂、已经持续了将近一个小时的对话中，这个人突然说"我觉得真正的问题在于**信任**。我们已经失去了对彼此的信任"，或者一针见血地指出了其他问题。在场的十几个人纷纷点头，之后你们的讨论便势如破竹般地开始取得进展，因为话题已经回到正确的轨道上来。这个人是怎么做到这一点的？

答案是这个人熟悉选择正确话题的三个要素，知道怎么分清问题的层面，怎么选择话题和怎么简洁地陈述问题。

首先我们来看如何分清问题的层面。

分清问题的层面

面对问题的时候，你可能需要在三个层面上分析问题。第四个层面与对话的流程有关，我们稍后会做详细的论述。找到正确层面的入手方法是逐层对这些问题进行梳理，从而看清问题处于哪个层面。你可以用英文首字母 CPR（内容、模式、关系）来记住这三个层面。

内容（Content）：问题第一次出现时，你可以讨论内容，也就是近在咫尺的令你烦恼的事情。如果行为本身或其直接后果就是问题所在，那么你的问题就处在内容这一层面。例如，你在为上司写一份报告，但同事迟迟没有给你所需要的市场分析数据。你的报告交晚了，这让你的处境非常不妙。或者你正在团队会议上发言，但有位同事老是打断你，试图说服你。如果这些事情是第一次发生，那它们就是内容层面的问题。

模式（Pattern）。同样的问题再一次出现时，就要考虑是不是模式的问题。现在需要关注的不是这个问题已经发生过一次了，而是一个模式正在形成，或者已经形成。例如，最近三次你都遇到了你特别感兴趣的项目，你跟经理说你想做这些项目，但经理每次都把它们分给了团队里的其他人。这已经不是任务分配的问题了，而是一个初见端倪的模式问题。

确定一个问题是否到了模式层面可能不那么容易。如果问题才第二次发生就觉得这是一个模式问题，你难免觉得这个结论不够谨慎。但是你又想在模式变得根深蒂固之前，尽早坦诚地讨论它们。你可以这样想：事情第一次发生是意外，第二次发生可能是巧合，但第三次发生就是模式。

关系（Relationship）。最后，随着问题的继续发展，它可能开始影响到关系。关系问题涉及深层次的信任、能力和尊重。例如，我们可能开始怀疑某个人的能力，或者质疑自己能否信任他人会履行承诺，或者发生数次同样的事情后，我们可能认定某个人不尊重我们的职位或贡献。这些疑问和质疑在我们头脑中先入为主，使我们与这些人的关系发生了或微妙或明显的变化。有时候，事情第一次发生就会直接造成关系问题，例如你看到同事把敏感文件拷贝到 U 盘里并带回家，你立刻就会对他产生信任问题。

为了了解 CPR 的实际应用，我们来看一下我们某位客户的具体例子，这个例子比较敏感。你会怎么运用 CPR 来帮他选择话题呢？

我们团队里除了我，其他人都是白人。开会的时候，我的直接上司多次叫错我的名字。第三次的时候，我纠正了她。她后来跟我反馈，说我没必要纠正她，因为我们这个族裔所有人的名字听起来都差不多，所以对我来说应该没什么区别。在另一个场合，她建议我起一个"英文"名字。

你明白选对话题对这个人有多重要吗？分清问题的层面能帮助我们看到多个对策。

（1）维持在内容层面。有人叫错你的名字，马上纠正，立刻解决问题。上司建议你起英文名字的时候，感谢她的建议，但跟她说你希望别人叫你本来的名字。

（2）上升到模式层面。表达你的担忧，说她叫错你的名字已经成了一种模式。

（3）讨论关系层面。让你上司知道，你的名字是你身份中很重要的一部分。一位经常与你共事的同事不愿意花点时间学学怎么把你的名字念对，这让你觉得不受尊重。更重要的一点是要让她知道，她建议你改名字让你觉得很不受尊重。

用 CPR 方法来分清问题的层面有助于我们看清问题的实质，也让我们做出有意识的选择：我们希望在哪个层面上进行对话？不过，在做这个决定之前，让我们再考虑一个你想讨论的问题——对话本身的流程。

你需要讨论流程吗？

我们想弄清复杂的人际互动，或者思考让我们陷入困境的问题时，CPR 是一个非常有用的切入工具。但不是每个问题都恰好落在内容、模式或关系层面上。有时候我们需要把目光扩展一下，看看对话的流程是否存在问题。

　　例如，多年前，我们曾为一位叫凯拉的高管提供管理风格方面的指导。她的团队有十几个人，其中一位是刚刚入职的行政助理阿普丽尔。凯拉很想尽快跟她建立良好的工作关系。阿普丽尔在工作中有一些东西需要学习，遇到问题时凯拉会用尊重的方式给她迅速直接的反馈。但是不管凯拉在提供反馈和指导时如何注意方法，阿普丽尔几乎每次都很防御。凯拉试了我们教的所有方法，跟阿普丽尔谈话的时候努力营造安全的氛围（后面几章我们会学习这些方法），但都没有效果。

　　我们观察了几次她们的互动，向凯拉建议这是一个流程问题。她提供反馈和阿普丽尔听取反馈的流程中存在问题，导致她们无法进行有效的沟通。凯拉决定以此作为对话的话题。她安排了专门的时间跟阿普丽尔谈她们的合作情况和反馈方式。对话开始，凯拉解释了她的目的：她希望她们俩能很好地合作，也希望阿普丽尔成功，所以她才给阿普丽尔那些反馈。凯拉说她注意到了阿普丽尔的防御状态（她在此处用了本书中的方法），希望双方商量一下，改善反馈的流程。

　　谈话进行得很顺利。两人就凯拉如何用阿普丽尔能够也愿意倾听的方式提供反馈达成了具体的约定。阿普丽尔也答应用更适合凯拉的方式来表达自己的情绪。

　　在双方的沟通方式存在差异，或者沟通方式发生变化的情况下，安排时间来讨论**如何**沟通是特别重要的事情。

　　跨文化交流中也经常出现流程问题。例如，我们与欧洲和亚洲的同事合作讲授关键对话。虽然沟通原则一样，但沟通方式在不同的文化中存在明显的差异。一位荷兰同事曾谈起他与一位亚洲同事合作时的一个小插曲：

我想坦诚地好好谈谈我们合作中的一些问题。我请他说说他的想法，但他几乎没说话。那次谈话彻底失败了。事后我给他写了一封邮件，说我觉得那次谈话很失败，我特别希望能找到一个我们俩都感觉良好的解决方案。后来我们又谈了一次，不过这次没谈具体问题，而是谈了流程。我问他，我怎么做能更好一些。他说在他们的文化里，大家不习惯直截了当地谈论哪里出了问题。上次我直接指出我们之间的问题让他觉得不受尊重。对他来说，他习惯先谈一下大家最近怎么样，聊聊家庭和其他诸如此类的话题。虽然从荷兰人的角度来看，我第一次的方式没有问题，但是通过这次关于流程的对话，我知道了如何让同事更加明白我的真实意图。

在完全或基本上远程的关系中，关于流程的对话也特别重要。当面对面接触不频繁的时候，必须明确讨论你们之间将如何沟通。例如，如何保证每个人都有说话的机会？如何让大家有停下来思考的空间？用什么实时交流工具？应该建立哪些规范？如何协调不同的时区和工作模式？要回答这些问题，你要先问问自己："对我来说，远程对话什么时候效果很好？什么时候效果不好？"然后思考应该如何安排流程。记住，如果不谈清楚，你就会用行为来表达情绪。要知道，比起面对面关系，在远程关系中用行为表达情绪的空间要大得多！

选择话题

找到正确话题的第二步是选择。这里的选择是指筛选我们通过"我真正的目的是什么？"所梳理出的所有问题。关于"我真正的目的是什么？"，我们在下一章会进一步见识到这个问题的威力。

仔细思考你的首要任务是什么，然后选择那个阻碍你完成任务的问题。例如，如果你真正想做的是解决一个客户服务问题，那就选择内容层面的问题（"我们怎么在两天之内把这个运到马来西亚？"），而不是关系层面的问题（"我不相信你能办好这件事情"），也不是模式层面的问题（"我们的执行团队经常拖到实在不能再拖了才去做"）。你可以以后再讨论其他层面的问题。

简洁陈述

选好话题后，要确保你能简洁地陈述你想讨论的问题。这里指的不是如何开启对话，而是用一句简洁的话把问题表述清楚。这比听起来要难得多。你可以找一个擅长关键对话的人尝试一下（我们这么做过），在他们刚准备要说问题的时候打断他们，问："您想解决什么问题？"你会发现他们述说问题时比其他人用词少得多。你描述话题用的词越多，就说明你的准备工作做得越不充分。例如，我们问一个擅长关键对话的人，他在即将开始的绩效评估面谈上要表达什么意见，他说："我的结论是，他不擅长管理员工，也不擅长管理项目。"看吧，清楚又简单，这说明他准备得很充分。

为什么这种清晰的表达如此少见？因为我们凡人在迈出这一步的时候，往往会感到害怕。当开始认识到真正的问题时，我们会对该怎么说感到恐慌。当对问题含糊不清时，问题就不那么可怕了。当你用很多话模糊笼统地表达问题时，很容易淡化问题。但是当你用一句话点明你需要解决的根本问题时，你会有一种强烈的责任感，促使你去着手解决问题。问题迫在眉睫。

我们不应该对这一步感到恐慌，做好这一步能增强我们解决问题的决心。请注意，只有我们把"问题是什么"和"如何解决"这两个问题合并在一起的时候，我们才会恐慌。大脑的一部分在想"真正的问题是什么？"另一部分则在尖叫"我到底该怎么说呢？"不要这么做！如果你在努力真实地面对问题的同时又在担心怎么说，你很容易淡化问题。这样一来，你本来想说的"我觉得你没有管理员工和管理项目的能力"就变成了"你觉得产品发布会开得怎么样？"就这样，我们吞吞吐吐，含糊其词，顾左右而言他地开始了对话。

用简单的一句话来点明问题有两个好处：一是它让你在开始对话的时候有清晰的目的，二是它让你负起责任。有了这句话，我们就有了衡量自己是否真实面对自己的标准。不要担心接下来怎么说，只要如实地说出你想说的话就可以。

做完这一步后，我们就可以考虑下一步的问题："我怎么能既说真话，同时又能增进我们的关系？"随后几章我们会帮你解决这个难题。

我们暂时先把这个问题搁置在一旁。在这个阶段，只考虑把"真正的问题是什么？"用一句话表达清楚就可以。而做到这一点，我们必须对自己真实。

这可能很难。但对自己真实是对他人真实的先决条件。举个例子，你和同事正在讨论把新来的实习生安排到哪些部门。讨论到其中一个实习生的时候，一个同事主动提出："我们公司数据分析部有很多亚裔，让他去那儿好了。"听到这话，你心里立刻升腾起愤怒和恐惧两股情绪。这句话激怒了你，因为你觉得他的言论不是愚蠢就是种族歧视，或者二者兼而有之。但同时你又觉得害怕，因为你想不到有什么既能解决问题又不引发冲突的方法。你很想让这个问题停留在内容的层面。你说有其他更加适合这个实习生的部门，并为此找了一个充分的理由。与此同时，你心里一直不无愤怒和担忧地想着那个真正让你不安的问题。

你该怎么办呢？首先，要对自己真实。如果当时不知道说什么，那就停下来想清楚真正困扰你的是什么。只有这样，你才能决定下一步该怎么走。做到对自己真实后（你相信他的话是微妙的或者极其严重的种族歧视言论），然后决定是否与他谈话，以及什么时候谈和怎么谈。

对话题何时发生变化保持警觉

我们遇到的大部分关键问题都需要我们在模式、流程或关系层面解决。内容层面的问题很少会让我们陷入困境。你可以把它想象成一棵蒲公英，长在你家精心修剪的草坪中央。内容层面的问题就是那朵招摇醒目的鲜黄色花朵。它很容易去除，只要把蒲公英的花头拔掉，你的草坪立刻就会恢复成郁郁葱葱的一片绿色。但是……你知道接下来会发生什么。蒲公英又开花了，而且还可能开了好几朵。为什么会这样？因为你没有去根。

在我们的生活中，模式、流程和关系层面的问题就像蒲公英的根。在没有找到和解决这些问题之前，内容层面的问题会一次又一次地重复出现。

但是请注意，仅仅因为你知道自己需要在模式层面或关系层面进行对话并不会让事情变得简单。一旦你选定了对话的层面，就要负责把对话保持在那个层面。通常情况下，当你跟某人进行模式层面或关系层面的对话时，对方会倾向于在内容层面交谈，因为那个层面相对比较安全。

例如，你注意到过去几个月以来你属下一位设计师的创作缺少新意。他能按时按要求交出设计作品，但作品的质量和新意没达到你的期望。这不是关于某个具体设计的问题，而是从整体上来看，他最近的设计都低于过去的水准。你决定在模式层面跟他进行对话。

"你看，"你说，"这是你最近的 5 个设计，这是过去的 5 个设计。依我看，你最近 6 个月的作品在创造力方面低于过去的水准。从技术上看，它们符合要求。但就创造力来说，它们缺少出彩的地方。我很想知道你是怎么看的。"

他马上回应道："我知道我这周给约翰逊项目做的设计不尽如人意。我不知道客户到底想要什么，而且我同时还要顾及很多其他项目的设计。"

你看到刚才发生的事情了吗？你进行的是模式层面的对话（过去 6 个月的设计），而他谈的是内容层面的问题（刚完成的一个设计）。到这个阶段，你很容易跟着他的话题走。你很容易随着他说："是的，我知道你事情很多，但是约翰逊项目对我们团队来说非常重要。我们需要你拿出最好的水平。"就这样，你现在的对话跟你设想的完全不一样了。对话结束后，你会觉得没有解决问题。为什么会这样？因为你进行了一场错误的对话。

设计师没有恶意。他不是故意要把你带偏，他只是落入了我们都容易落入的陷阱……只谈眼前，或是避重就轻。这里需要你做出努力，把对话保持在你想要的层面上。你可以说："我知道，这周除了约翰逊项目，你还有很多其他的工作。我其实对约翰逊项目的具体情况并不那么在意，我关心的是过去 6 个月我从你工作中看到的模式。我想知道是不是发生了什么情况，让你的设计不像以前的那么精彩。"

一般来说，你应该根据你的意愿选择对话的层面并保持在那个层面。但是也有例外。

设立书签

清晰很重要，不过灵活也很重要。记住，这不是一场个人独白，而应该是一场对话。对话里有其他人，他们有自己的想法和需要。在某些关键对话中，会出现新的问题，这时你需要在对话的焦点（你的目标）和灵活性（他们的目标）之间做出平衡。

我们旁听一下蒂拉和同事凯蒂的对话。蒂拉需要凯蒂给她提供一些数据。

> 蒂　拉：我以为昨天能收到攀登项目的原始数据文件，但一直到现在还没收到。现在文件准备好了吗？
>
> 凯　蒂：今天早上系统坏了，我根本进不去。要是连系统都不能正常运行，我真不知道我们还怎么工作，对吧？
>
> 蒂　拉：嗯，也许吧。可是昨天系统也坏了吗？
>
> 凯　蒂：嗨，这里没人了吗？谁让你负责的？你为什么老追着我不放？我们是朋友。看在朋友的分上，你就不能放我一马吗？
>
> 蒂　拉：我们是朋友，也是同事。我不是追着你不放，我只是需要这份文件。
>
> 凯　蒂：我知道，我知道。对不起，我太紧张了，因为今天对付马克搞得我很烦。哎呀，那个家伙让我浑身起鸡皮疙瘩。我受不了他的眼睛上上下下打量我的样子。我有点烦躁，对不起。

看吧，问题比蒂拉预想的要多得多。她一开始谈的是她需要一份文件，一个看上去非常直接的问题，不料在对话过程中她遇到了三个新的问题：系统坏了；对方用"难道我们不是朋友吗"来操纵她；还有最令人担忧的问题，凯蒂暗示她遇到了职场骚扰。

当你围绕一个问题展开对话，但对话过程中出现了新的问题时，你该怎么办呢？这时候你需要做一个选择：你可以继续谈原来的问题，也可以谈新的问题。不管你选择哪个，都需要给暂且搁置的问题设个书签。设立书签等于口头表明接下来你要谈哪个问题，以后有时间再谈哪个问题。

假如蒂拉想谈新的问题，也就是凯蒂和马克的事情，她可以像下文这样给原来的问题设立书签，并转移到新的问题：

> 蒂拉：呀！你肯定很难过。我们谈谈吧，以后再说数据文件的事儿。

在某些情况下，因为原来的问题太过紧急，你可能需要做出另外的选择。这时候你可以给新问题设立书签，继续讨论原来的问题：

> 蒂拉：啊！这件事很严重，我真的很想跟你谈谈，我们有必要讨论一下。不过我现在必须在 30 分钟之内把数据文件交给执行小组。我们先想办法解决数据文件的问题吧，然后再谈马克的问题，这个事情是必须讨论一下的。

给问题设立书签表明你经过思考选择了你想谈论的问题，并且清楚地向对方说明了以后你们会回到设立了书签的问题上。在未向对方表明你已设立书签之前，绝不允许对话出现偏移或改变话题。

回到温迪的故事

还记得温迪吗？她与上司正在进行一场非常复杂的对话。刚开始她们谈的是项目期限的问题，不过随着对话的进行，几个新的问题出现了：决定是如何做出来的；做决定的时候考虑了哪些因素；桑德琳隐晦地威胁温迪，对她施加压力。我们看看温迪是怎样回答的。

当桑德琳说："你看，我可是极力推荐你带领这个项目的。你知道我推荐你的时候怎么说你的吗？我说你有团队精神。难道我错了？"面对这种情形，温迪做了一个非常聪明的选择，她在项目期限（内容层面的问题）上设立了书签，把对话带到了关系层面。她用一句话简洁地说出了问题所在："这是我能不能信任我们的流程和信任你的问题。"

她对桑德琳说："我知道事情现在有点麻烦。我跟你一样，都不想让公司领导失望。我向你保证，我会尽职尽责地把事情做好。但是同时我也希望我们能设定一个现实一点的目标，否则我们就是在给自己挖坑。还有更重要的一点是，我希望在以后的合作中，我们有什么需求，有什么重要的事情，都可以坦率地交流。"

这样就开启了一场关系层面的对话，也开启了一段更好的关系。

小结：选择话题

如果选的话题不对，就无法真正解决问题。以下步骤可以确保我们选对话题。

● 学会识别话题错误时的三个信号。

（1）情绪恶化。

（2）心怀疑虑。

（3）似曾相识。

● 用下面三个方法来找出正确的话题，并且聚焦在这个话题上。

（1）**分清问题的层面**。用CPR（内容、模式、关系）来梳理你面临的各个问题。看它们是内容层面、模式层面、关系层面还是流程方面的问题？

（2）**选择话题**。问自己："我真正的目的是什么？"用这个问题来过滤话题，选择当下最需要解决的问题。

（3）**简洁陈述**。把问题浓缩成一句话，以便对话开始后能一直围绕着话题展开对话。

● 最后，对话时既要专注，也要灵活。注意其他人是否在有意或无意地改变话题。未经思考和决定，绝不允许改变话题。一旦决定改变话题，就要在原来的问题上设立书签，以便处理完新问题后再回到原来的问题上。

第 4 章

从心开始：如何确定目标

怒不可遏时的话语是最令人后悔的表达。

——安布罗斯·比尔斯

现在你知道想谈什么了，我们该看看**如何**谈的问题了。面对至关重要的话题、巨大的意见分歧和强烈的情绪，怎样做才能鼓励对话双方观点的自由交流呢？由于大部分人的对话方式都是基于长期习惯形成的，所以做到这一点绝非易事，需要我们付出相当大的努力。

不过我们相信，人是会变的。多年来，我们已经在全球各地培训过数百万人，亲眼见证了他们在行为表现和人际关系方面的重大改善。但是，我们也必须指出，这并非一日之功。你不能指望在书里标出一些有启发性的句子，就马上变身成对话高手，而是必须认真深刻地从审视自我开始。

这就是为什么对话的基础是"从心开始"。改变从**你的**心开始，而偏见则会让我们停滞不前。因为天性使然，我们喜欢审视他人，但审视的目光从来不会望向自己。用莎士比亚的话来说，眼睛能看见一切，唯独看不见自己。我们能看到别人跟我们争辩的时候怎样夸大其词，怎样握紧了拳头，怎样唾沫横飞，却看不到自己冲对方翻白眼、摇头和轻蔑的样子。

我们从对话高手身上学到的最重要的经验之一就是一切从我开始。在关键对话过程中最先出现问题，从而让局势一发不可收拾的不是你的行为，而是你的动机。准备对话的第一步是让自己有正确的动机。

从我做起

我们从一个真实的故事开始。一个炎热的下午，父亲带着姐姐艾斯琳和妹妹卡拉结束了在迪士尼乐园的游玩，急匆匆地回到宾馆房间。由于天气炎热，两个孩子在外面喝了能灌溉一个小型农场那么多的苏打水，现在已经憋不住要上厕所了。

但卫生间里只有一个马桶，急得要命的姐妹俩很快就为谁先上厕所吵了起来。两人在狭小的卫生间里大声争执，你推我搡，连骂人的话都说出来了。眼见无法解决问题，艾斯琳最后向父亲求助了。

"爸爸，是我先到的！"

"可是我比你还急！"卡拉说。

"你怎么知道我不急？你又不是我。我今天早上出门时都没上厕所！"

"你太自私了！"

父亲天真地想教她们自己解决问题，于是提出了一个方案："姑娘们，这个问题你们要自己去解决。你们就待在卫生间里商量吧，早晚会决定谁先用谁后用。不过我有一条规定，不许打架。"

两个烦躁的孩子进行关键对话时，父亲在盯着自己的手表，他想知道这个问题要花多长时间才能解决。时间一点一点地过去，卫生间里不时传来几句讽刺挖苦的话。大约过了 25 分钟，父亲终于听到了马桶冲水声，卡拉从卫生间里走出来。1 分钟后，冲水声再次响起，艾斯琳走出卫生间。这时，父亲问："你们知不知道，在你们争吵不休的这段时间里，你们每个人可以上多少次厕所？"

两个小屁孩可没想过这一点，父亲接着问道："为什么你们花了这么长时间才能上厕所呢？"

"因为她总是很自私！"

"瞎说，她本来可以等我先上的，可是她偏偏不让，还骂我，她总是想怎么样就怎么样！"

两个孩子都说最想做的事情是上厕所，但她们的做法却完全相反，让这个目标变得遥不可及。从这 25 分钟的争执来看，她们**真正的**动机是什么？体验一下终于能上厕所的感觉？当然不是。有时候看清动机的最好方法是研究一下行为。通过观察姐妹俩的行为，我们可以看到她们真正想要的是争第一、争对错，或者可能还想让对方不舒服。

在关键对话中，我们面对的第一个问题不是我们的行为出现错误，而是我们的动机出现错误，而这个转变我们往往完全意识不到。我们坚持我们"对外宣称的"动机，却完全忽视了我们的行为揭示出的真正动机。

因此，想解决问题，我们要做的第一步是改变错误的观点，即认为我们的苦恼是由他人导致的。姐姐或妹妹不是问题，我们的动机才是问题。我们总是简单地认为："只要能搞定'麻烦制造者'，一切都会好起来。"实际上，正是这种错误的念头在阻止我们利用对话解决问题。明白了这一点，你就不会奇怪为什么对话高手总是能制造奇迹了。这是因为他们坚信，要想解决好"双方"的问题，只能从"自己"开始，在自己身上找原因。

对话高手非常明白这一点，并在此基础上形成了"从我做起"的原则。他们不但认识到实践这条原则能让自己受益，而且深知能够改变的人只有他们自己。正如我们认为别人应该做出改变一样，实际上我们能够成功启发、激励和塑造的人，只有镜子中的自己。

从心开始

好吧！我们假定现在应该改变的是自己的对话技巧。注意，你要做的不是买完这本书，把它交给你的亲人或同事，告诉他们"这本书对你很有帮助，特别是我在其中画线的部分"，而是搞清楚如何让自己从本书中受益。不过我们该从哪里开始呢？

对话高手总是从心开始。换句话说，在展开高风险对话时，他们总是首先明确目的和动机，无论出现什么情况这个目的都不会动摇。

他们对目标的关注表现在两个方面。首先，他们非常清楚自己希望通过对话获得什么。在对话过程中，无论出现多少可能转移注意力的情况，他们依然能坚守自己的目标。其次，对话高手从来不做"傻瓜式选择"。有些人为自己的错误找理由，说自己没有别的选择，只能"逃避或对抗"，对话高手则与他们不同，他们认为无论出现多么棘手的情况，对话永远都是一种可行的选择。

真实案例

我们来看一个现实生活中的例子，看看忽略对话动机会如何影响我们保持对话的能力。

格蕾塔是一家中等规模企业的首席执行官。她正在和公司高管进行紧张的会议，会议已经开了两个多小时了。过去 6 个月以来，格蕾塔一直在推行一项成本缩减计划，但是直到现在还没有看到效果，为此她专门举行了这次会议。由于她一直煞费苦心地在企业内部倡导坦诚交流的作风，大家一定会在会议上向她说明计划未能取得效果的原因。

会议开始后，就在格蕾塔准备提问时，一位经理有些迟疑不定地站起身来。他神情有些慌乱，眼睛盯着地板紧张地问他能否问一个非常尖锐的问题。他强调"非常"那个字眼的样子，仿佛他要揭露格蕾塔的惊天秘密。

这位惶惶不安的经理说道："格蕾塔，过去 6 个月您一直都在想办法让我们缩减成本，可是大家一点都不积极。要是您不介意的话，我想说说我们在缩减成本方面遇到的一个困难。"

"很好，说吧。"格蕾塔微笑着回应。她想听的就是这个，她想知道都有什么阻碍，接下来好消除阻碍，继续推行成本缩减计划。

"呃……是这样，你又是让我们双面打印，又是取消出差的，可自己却修建了新的办公楼……"

格蕾塔一脸严肃，气得满脸通红。每个人都不作声，不知道接下来会发生什么事情。

这位经理继续道："有人说光是新办公楼的家具就会花好几万美元，是这样吗？"

就在这时，他们之间的对话变成了关键对话。在两人的共享观点库中，一方刚刚提到了一条爆炸性的信息，格蕾塔会继续鼓励坦诚的信息交流，还是会气冲冲地停止和对方的谈话呢？

格蕾塔接下来的做法不但决定着大家对成本缩减计划的态度，而且会让其他管理者对她的看法产生重要影响。她会以身作则，践行自己倡导的开放诚实的作风吗？还是会像很多高管一样露出虚伪的一面呢？

她的细微举动暗示了什么

我们紧盯着格蕾塔，就在这时一些非常细微却至关重要的情况出现了。她紧紧咬起牙关，身体微微前倾，左手牢牢抓住讲桌边缘，指节因为僵硬而变成了青白色。她扬起右手指向提问者，仿佛是一把上了膛的手枪。虽然格蕾塔什么都没有说，但大家都看得出她想干什么。她在众人面前受到攻击，正准备为自己辩护。显然，在她厘清思路之前，她的动机已经悄然发生了变化，从推行成本缩减计划变成了并不光彩的个人报复。

格蕾塔现在最关心的不是缩减成本的问题，而是怎么报复的问题。她现在担忧的不是公司的绩效怎么样，而是自己的个人形象受到了什么样的损害。

在受到攻击时，我们的内心会出现相似的突然而无意识的急转弯。面对沉重的压力和强大的反对意见，我们常常会思维短路，忘记鼓励大家向共享观点库添加信息的目标，转而希望战胜对方，保全面子，保持和气，或是惩罚对方。格蕾塔就是这么想的："去他的坦诚沟通！我要让这个白痴知道，他不能在这么多人面前攻击我！"

她想问："这个问题重要吗？"她还想说："如果我们想赢得更大的客户，就需要一幢气派的大楼展现我们的自信。要是你有管理者的头脑，你就会明白这一点。下一个问题。"

看到格蕾塔用手指着那位经理，大家立马知趣地闭上嘴巴，低下头看地面。有那么一会儿，会议室里安静得连呼吸声都听不到，大家忐忑地等待着，不知道接下来会发生什么。

首先，关注你的真正目的

然后格蕾塔做了一件了不起的事情。她刚刚举起手便又放了下来，脸上的表情也逐渐放松。一开始她显得有些吃惊、尴尬，甚至有些气恼。但她很快深吸一口气，回应道："嗯，这个问题提得好，我们必须讨论一下。我很高兴你能提出这个问题，谢谢你这样做，这说明你对我非常信任。"

哇！几乎就在转瞬之间，她竟然能从杀气腾腾的魔头变成充满好奇心的合作伙伴。

然后格蕾塔开始真正面对问题。她承认，一边强调成本缩减，一边修建新办公楼，看起来很虚伪。她坦言不知道该项目的成本，然后让人马上去核查相关的数据。她解释说修建新办公楼是为了响应营销部的需要，以改善企业形象，提升客户的信任度。尽管格蕾塔也可以使用，但新的办公楼主要是为营销部开发设计的。最后，她补充道："不过，我对该项目的管理不像要求你们控制成本那么严格，这一点的确有些虚伪。"这时，有人送来了新办公楼的成本报告。看到里面的数据之后，格蕾塔非常吃惊，向大家承认在批准该项目之前原本应该认真核查其中的预算。

随后，大家展开了一场极为坦诚的对话，众多高管都对办公楼项目表达了自己的看法。最后，大家同意继续推行成本缩减计划。同时，办公楼项目要么削减一半预算，要么完全取消修建方案。至此，缩减成本计划得到了大家的广泛支持。

目睹了刚才的互动，我们非常想知道格蕾塔身上到底发生了什么，想知道她究竟是怎样在千钧一发之际做到镇定自若的。更具体一点说，她是如何从希望战胜对方或羞辱对方的心理状态，快速转变到真诚地想要获取对方观点的状态的。

那天晚些时候，我们向格蕾塔问起了这件事。我们想知道当时她的大脑中在想些什么，是什么因素帮助她忘掉尴尬和愤怒，转而向对方表达感激之情的。

她的回答是："其实很简单，一开始我确实觉得受到了攻击，很想回敬对方给他一些颜色看看。老实说，我真想让那个家伙知道他是谁。他当众指责我，关键是他还错了。"

"但是我知道，在情绪太过激动的时候，恢复理智的最好方法是专注于一个简单的问题。"

她的这句话把我们的好奇心完全调动起来了。只问自己一个简单的问题就可以完全改变自己的情绪，就像格蕾塔刚才表现的那样？如果可以，该问什么问题呢？

她继续说："当我觉得受到威胁的时候，会停下来，做个深呼吸，然后问自己'我真正的目的是什么？'。"

我们问："真的吗？你具体是怎么做的？"

"我最先想到的是'我想教训教训这个攻击我的家伙'，但我知道，那是我的情绪在说话。所以我又问自己'我真正的目的是什么？'，这时候我有了清晰的答案：我真正的目的是想让坐在这里的 200 名管理者支持成本缩减计划。"

她继续说："当我确定这个想法后，我对那位经理的看法马上就改变了。就在几秒钟之前，他还仿佛是个十恶不赦的坏蛋，可随着目的的转变，他一转眼变成了自己的亲密盟友。是他让我有机会向大家公开做出说明，否则我无法顺利解决各部门消极抵制成本缩减计划的问题。"

听格蕾塔这么一说，我们马上就明白了刚才她在瞬间从暴君变成领导者的原因。当她的目的从保全面子变成解决问题，她自然会首先表达对那位经理的感谢："嗯，这个问题提得好，我们必须讨论一下。我很高兴你能提出这个问题，谢谢你这样做，这说明你对我非常信任。"

格蕾塔的做法表明，只需问自己一个问题，我们就可以通过微小的思维干预对改变"心"产生重要影响。

改变关注目的

下面，我们来看看你可能会遇到的情况。你正在和一个人讨论热点问题，他完全不同意你的观点。上面所说的关注真正目的的技巧应该怎样应用呢？在开始交谈时，你应当首先审视自己的动机或目的是什么。沉下心来，问问自己真正的目的是什么。

同样，在对话进行过程中，比如，你发现自己开始顺从老板的意思，或是开始对配偶爱搭不理，这时你应当留意你的目的是否出现了变化。你是不是为了保全面子，避免尴尬，战胜对方，标榜自我或惩罚对方而悄悄地改变了目的呢？这种情况非常微妙，我们的动机往往是在毫无意识的情况下发生变化的。一旦肾上腺素开始在我们体内作祟，我们便失去了理智思考的能力，动机已经失去引导我们行动的能力，取而代之的是汹涌而来的化学分子。从某种意义上来说，不是你选择动机，而是动机选择你。不过，如果你能看到这一点，便可以着手改变，摆脱这种无意识的操纵。

重新找回正确动机的第一步是意识到你现在的动机错了。这也是看起来容易做起来难的事情。在我们完全被肾上腺素控制、头脑迟钝的状态下，我们是很难静下心来仔细觉察自己的。这时该怎么做呢？

这时你应该寻找线索，从外到内辨别自己的动机。你必须暂时停止和对方的互动，转而审视自我，像一个局外人一样审视自我，从而找回正确的动机。你可以这样问自己："我表现出来的动机是什么？"看一看你自己的行为，再倒推你的动机。你坦率诚恳地探索自己的动机时，往往会得出这样的结论："好吧，我的表现有些咄咄逼人，表达观点的方式太过强势，一心只想战胜对方。我已经偏离了原来的目标，开始只是想选择度假地点，现在成了想证明自己的看法更高明。"

一旦谦虚地承认你的动机发生了变化，你就可以下意识地进行调整了。摆脱错误动机最快的方法是直接承认你的动机错了。只有意识到了错误之处，你才能结束错误。

现在问自己"我真正的目的是什么？"，问这三个问题：

- 我希望为自己实现什么目的？
- 我希望为对方实现什么目的？
- 我希望为我们之间的关系实现什么目的？

摆脱错误的动机后，你马上会意识到正确的动机："我真正想要的是我们俩对度假地点都感到满意。"

询问完自己这些目的之后，还有一个重要的问题不要遗漏：

- 要想实现这些目的，我该怎么做？

综上所述，这四个问题是让你重新找回正确动机的有力工具。原因如下：

它们帮助我们找到长期动机。在我们最需要的时候，这四个问题是强有力的情绪干预工具。你问这些问题的时候不能求快，如果求快，可能会流于形式，得出一个短期的动机。你需要每个问题问自己好几遍，才能沉下心来，深入挖掘，找到自己的长期动机。

在问题上加上"长期"两个字也会有所帮助。例如："从长期来看，我的真正目的是什么？"问这个问题可以让我们把焦点从短期目的转移到更深刻的个人修养问题上："我想成为什么样的人？""我想怎样对待他人？""在这次对话中我怎样表现才能成为我想成为的那种人？"

让大脑重新活跃起来

这四个问题也是让大脑重新活跃起来的强有力的工具。它们的强大之处在于它们能平复我们要么战斗，要么逃跑的原始本能，让大脑的高级推理部分重新活跃起来。当我们向自己提出这几个复杂而抽象的问题时，大脑中负责处理问题的部分会意识到，我们现在面对的是复杂的社会问题，而不是生理上遇到的威胁。当大脑开始高速运转分析问题时，我们的身体会把血液从四肢抽离，输送到负责思考的大脑。换句话说，我们正慢慢退出"逃避或对抗"模式，开始理智分析问题了。

其次，拒绝做出"傻瓜式选择"

下面，我们来看看另一种能帮助我们关注对话目的的方法，先看一个案例。

塔利在浏览社交媒体订阅号的时候，无意中发现一篇引起激烈辩论的文章，文章的内容是她孩子学校的课程改革提议。她想了解学校的情况，所以仔仔细细地读了这篇长长的文章和下面无数条评论。评论区的讨论非常激烈，支持提议和反对提议的家长都发表了合理中肯的意见。塔利觉得双方的观点都有合理的地方。

这时候住在街对面那栋楼的格洛丽亚开始发表意见。她言辞激烈地反对课程改革提议，而且全部用大写字母表示强烈反对！！！她斩钉截铁地说课程改革会毁了学区内的所有孩子，孩子只能落得辍学和以贩卖毒品为生的下场。

自然，格洛丽亚的意见引来一片反对声，对此她又反击回去。很快格洛丽亚的发言就跟课程无关了，通篇都在说哪个白痴敢跟她想的不一样。塔利看得怒火中烧。格洛丽亚攻击的那些人都是塔利的邻居和朋友！这太过分了，得有人让格洛丽亚知道自己是谁，不能再大放厥词。

塔利飞快地在格洛丽亚的最新评论下回复道："@格洛丽亚，你才是白痴。约翰逊校长把学校从差学校变成好学校，如果她说课程改革对孩子好，那她说的就是对的。你没有资格说话，你连高中都没毕业。说到教育，你啥都不懂，就别在这里乱说话了。我不会看着你在这里攻击大家不管，他们才有资格讨论孩子的教育！"

塔利点了一下发送键，把评论发了出去，心里充满了正义感。总得有人站出来教训教训格洛丽亚。没多会儿，塔利就听见新消息的提示声，是邻居米格尔发过来的私信："哇，塔利，你刚才说话是不是有点尖刻啊？"接着塔利又接二连三地收到了桑德拉、凯琳、蒂龙的私信。很明显，她孩子同学的家长都对她这样教训格洛丽亚感到吃惊。

塔利回复了一句谁也不爱听的话："嘿，别这么说我！你们都是胆小鬼，只有我敢说实话！"

这一招真可谓是下下策，简直没有比这更糟糕的应对方式了。塔利在大庭广众之下狠狠地羞辱了格洛丽亚，她非但没有道歉或是息事宁人，反而振振有词地认为这样做很勇敢。

她做了一个"傻瓜式选择"。从她的话中可以看出，她以为必须在说实话和维持友情之间做二选一的选择。

在关键对话过程中，对话高手会给自己提出一个更加复杂的问题：“我希望通过这次对话为自己、对方和我们之间的关系实现怎样的目的？”

当你在对话中变得情绪化时，你可以练习这种做法。当然，一开始你会有一定的抵触心理。这并不难理解，当我们的大脑无法正常思考时，我们肯定会排斥复杂的情况。我们会觉得，看起来怎么这么复杂！我们更倾向于做出战斗或回避的简单选择，并且认为这样做的理由非常正当。例如，我们会这样想：“很抱歉，为了坚持做个正直的人，我只能破坏她的形象了。虽然说起来并不光彩，但这样做是绝对正确的。”

幸运的是，只要能拒绝做出“傻瓜式选择”，让你的大脑学会在情绪激动的情况下处理更复杂的问题，你就能跳出这种错误的心理模式。你会找到一种新的方式，能够同时做到分享观点，真诚地聆听对方的看法和建立良好的人际关系。毫无疑问，这种对话结果必然会彻底改变你的人生。

学会对比说明

对话高手在拒绝“傻瓜式选择”时会提出新的选择。他们会面对更为棘手的问题，排除非此即彼的选择，转而寻找具有重要意义的对比说明。下面，我们来看看他们具体是怎么做的。

首先，明确自己的真正目的。 做到从心开始可以让对话有一个良好的开端，如果能明确对话对你自己、他人以及你们的关系的重要意义，那你就能成功消除“傻瓜式选择”的影响了。

“我想跟大家一起讨论将影响到所有孩子的课程改革计划。我希望我们这些家长能够坦诚地讨论，互相倾听。”

其次，明确你不想实现的目的。 这一点是对比说明法的关键所在。想想看，如果你放弃战胜对方或明哲保身的想法，会发生哪些对你不利的情况？如果你停止咄咄逼人的表现会带来哪些不好的结果？如果你不逃避问题，情况又会出现怎样的转变？是什么可怕的后果让耍花招变成一个很有吸引力和识时务的选择？

"我不希望看到有人把持讨论，侮辱别人，导致其他人都不愿说话。我也不希望看到意见分歧导致我们关系受损。"

最后，给自己提出一个更复杂的问题。 你应当把前两步结合起来，然后提出一个问题，迫使自己跳出沉默或暴力的怪圈，寻找更具创造力和建设性的选择。

"怎样既能坦诚地对话，又能增进关系？"

对那些从"傻瓜式选择"过渡到"对比说明法"的人来说，观察他们的表情是一件很有意思的事。他们会逐渐陷入沉思，眼睛慢慢变大，大脑飞速运转。令人惊奇的是，当我们问他们"你觉得有可能做到两全其美吗？"时，他们的回答非常一致，都承认这种可能性其实很大。

"在对话过程中，有没有一种方法既能够解决问题，又不会伤害或冒犯对方？"

"在对话过程中，有没有一种方法既能够指出邻居的讨厌做法，又不会让对方觉得你自以为是或对人苛刻？"

"在对话过程中，有没有一种方法既能够和配偶讨论你们的花钱方式，又不会和对方陷入争吵？"

真有可能做到吗

有些人会觉得这种想法无异于天方夜谭。在他们看来，"失败者的选择"（即"傻瓜式选择"）并不是错误的两极论，它只是客观地反映了人们在遇到棘手问题时不得不面对的不幸事实。例如，他们会这样说："你怎么能反对老板提出的搬迁方案，这不是自讨苦吃吗？弄不好连工作都会丢掉。"

对此，我们的回答是，还记得凯文吗？他和我们研究过的每一个意见领袖一样，都具备在对话中坦诚相待和尊重对方的特质。或许你并不清楚凯文是怎么做的，也不清楚你应当如何表现，但这些并不能否认像凯文这样的对话高手的存在。事实证明，在"逃避或对抗"之外，我们还有第三种选择，它能有效地帮助我们向共享观点库添加信息，和对方建立良好的人际关系。

当我们（本书作者）为企业举行关键对话现场培训时，每次提到"傻瓜式选择"之外的新方案都会有人这样说："你说的那一套坦诚相待或许在别的公司行得通，可如果在我们这儿搞，肯定会死得很惨！""要想保护自己，你得知道什么时候服软才行。"

一开始，我们以为是关键对话原则不适用于这些企业。后来我们问道："难道在你们公司从来没有人成功过吗？在高风险的对话过程中，既能解决问题，又能维护好人际关系，难道没有这样的先例吗？"事实证明，这样的情况是存在的。

小结：从心开始

面对棘手问题时，关键对话高手是这样关注目标的。

从我做起

● 记住，你唯一能直接控制的人只有你自己。

关注你的真正目的

● 发现自己即将陷入沉默或暴力状态时，停止对话，冷静思考你的真正目的。

● 问自己这样一个问题："我现在的行为显示出我的目的是什么？"

● 明确你的真正目的，问自己："我想为自己、他人和人际关系实现什么目的？"

● 最后，问自己："如果这是我的真正目的，我该怎么做？"

拒绝"傻瓜式选择"

● 在分析行为目的时，留意在哪些情况下你会说服自己做出"傻瓜式选择"。

● 运用对比说明法消除"傻瓜式选择"的影响。

● 说出你真正的目的之后，明确你不希望实现的目的，然后开动脑筋寻找可以实现对话的健康方式。

第 5 章

控制想法：如何在愤怒、恐惧或受伤的情况下展开对话

问题不在于你如何玩游戏，而在于游戏如何玩你。

——《间谍游戏》（电影）

目前，我们已经进行到了这一步：

- 认识到对话可能很关键（第 1 章和第 2 章）
- 锁定了正确的话题（第 3 章）
- 认真考虑了真正的目的是什么（第 4 章）

我们差不多准备好了。但还不算完全准备好，还有一个问题没解决，那就是我们不想参与对话。而我们想干的事呢，可能会让我们永远失去竞选公职的机会。

我们知道，关键对话的一个关键特征是强烈的情绪。如果不牵扯到情绪，大多数人都会在对话中表现良好。比如谈

论天气的时候，我们都能轻松自如，谈笑风生。但是一旦情绪发挥作用，我们往往会变成最糟糕的自己，对话也将无果而终，不欢而散。本章要讨论的就是如何通过管理情绪的方式掌控关键对话。从你的情绪管理方式往往可以看出你的人生走向和沉浮。情绪管理能力可以说是情商的本质。通过对个人感受施加影响，你可以让自己处于更有利的地位，并在此基础上成功运用前面讲过的技巧。

真受不了这个人

你是否经常听到人们说："真受不了这个人！"你自己是否也经常这么说呢？比如，你正安静地坐在沙发上看电视，这时婆婆走了进来（她和你们一起住）。她看看凌乱的房间，然后开始收拾几分钟前你吃剩的一堆零食。你感到很气愤，她总是自以为是地出入你的房间，认为你是个懒虫。

过了一会儿，丈夫问你为什么黑着脸，你嘟囔道："还不是你妈。我正好好地看着电视，她进来给我脸色看。说实在的，我希望她别再这么着了。我一周就休息这一天，我想放松一会，结果她走进来对我挑鼻子瞪眼。真让人受不了。"

丈夫说："是她让你受不了？还是你自己的问题？"

这可真是个有意思的问题。

不管是谁让自己受不了，有些人的反应总是比其他人更激烈，即使面对重复出现的相同问题仍是如此。为什么会这样呢？为什么有的人可以认真倾听令人不悦的观点，有的人听到别人说自己嘴上沾了果酱却会勃然动怒呢？为什么有时候面对别人的指责你会不动声色，有时候路上行人斜你一眼却会让你大动肝火呢？

情绪并非无中生有

要回答这些问题，我们首先要做出两个大胆和鲜为人知的声明，然后再进一步说明这些声明背后的逻辑。

声明一：情绪并不是笼罩在你周围的一层薄雾，不是别人强加给你的。不管你多么振振有词地指责别人，实际上其他人是无法让你陷入某种情绪的，是**你**制造了自己的情绪，是你让自己感到害怕、烦恼、气愤或受伤。让你产生情绪的只能而且永远是你自己。

声明二：产生负面情绪后你只有两个选择，要么控制它，要么被它控制。也就是说，在出现强烈情绪时，如果你无法驾驭它，就会成为它的俘虏。

下面我们来依次说明。

玛丽亚的经历

玛丽亚是一位文案创意人员，她现在感到很烦恼。事情的经过是这样的，她与同事路易斯刚刚和老板开完创意审核会议，在会议上两人应当共同演示一起构思的创意。令人气愤的是，玛丽亚会间出来休息了一下，路易斯接过手来，把两人共同提出的策划都演示完了。等老板询问玛丽亚的意见时，她已经没什么好说的了。

在整个做项目的过程中，玛丽亚一直觉得既屈辱又生气。路易斯先是背着她，自己去跟老板把他俩一起想出来的创意讨论了一遍。现在又完全霸占了演示。

玛丽亚觉得路易斯是在故意贬低自己的贡献，因为她是团队中唯一的女性。

玛丽亚简直烦透了这套"男性至上"的逻辑，她该怎么办呢？她不想表现得"过度敏感"，因此大多数情况下她都沉默不语，埋头做自己的工作。不过，有时候她也会对这种不公平现象冷嘲热讽地唠叨几句，以此表明自己的立场。

"我当然可以帮你拿那份打印文件，我是不是还应该帮你冲杯咖啡，做个蛋糕啊？"她翻着白眼离开屋子。

面对玛丽亚的风凉话和讥讽，路易斯感到莫名其妙。他不知道对方为什么气恼，很快对这种充满敌意的行为感到讨厌。结果可想而知，两人一起工作时，气氛压抑得简直让人无法呼吸。

玛丽亚（和路易斯）为什么会抓狂

对话"低手" 往往会陷入与玛丽亚相同的陷阱。玛丽亚完全没有意识到自己假设的情形有多么危险，她为同事忽略自己感到气恼，决定保持"职业性沉默"。她认为在这种情况下自己的情绪和行为是唯一正确合理的反应，认为每个人在这种情况下都会做出同样的举动。

这就是问题所在。玛丽亚认为自己的情绪是唯一正确的应对方式。正是因为她觉得这种情绪既合理又正确，因此不愿尝试改变或是质疑这种情绪。而且在她看来，这种情绪是路易斯导致的。最终，她的情绪导致了她的行为（沉默和冷嘲热讽）。由于她无法控制自己的情绪，而是任由情绪笼罩自己，结果导致自己的行为被情绪所控制，和路易斯的关系变得越来越差。换句话说，对话"低手"总是成为情绪的俘虏，而自己还毫不知情。

普通对话者 会意识到，如果自己无法控制情绪，事情会变得越来越糟。于是，他们努力尝试用其他方式解决问题，假装自己没有情绪化。他们深吸一口气，数到 10，极力抑制情绪反应，尝试着回到对话中。至少，他们会尝试一下。

然而不幸的是，当这些极力压抑情绪的人在关键对话中遇到无法妥协的问题时，所有郁积在心中的负面感受便会宣泄而出。他们会板着脸或挖苦对方，让对话陷入停滞的泥潭。或者，如果压抑的是恐惧情绪，他们则会一言不发，拒绝说出内心的真实想法，使对话变得毫无意义。无论是哪种情况，压抑情绪都是非常危险的举动。它们早晚会从你的心底悄无声息地蔓延出来，以极具破坏力的方式体现到对话当中。可以说，这种做法就是隐藏的对话杀手。

对话高手的做法则完全不同。他们既不会成为情绪的俘虏，也不会隐藏或压抑自己的情绪。与此相反，他们会驾驭情绪，成为情绪的主人。也就是说，在出现强烈情绪时，他们会通过认真分析的方式影响自己的情绪，大多数时候能够改变自己的情绪。这样做的结果是，他们可以做到选择情绪，进而有机会选择可能带来良好结果的行为方式。

不过，说起来容易做起来难。要想把自己从情绪化的危险状态拉回到正常状态，绝非一日之功。但是，你应当坚信的是，我们不但能够做到这一点，而且必须做到这一点。

行为方式模型

为帮助大家重新认识情绪问题，赢得对自我情绪的控制，我们首先要了解情绪到底是怎样产生的。在此我们设计了一个模型，以便帮助大家认识这个问题。

对玛丽亚来说，她虽然感觉受到了伤害，但又担心如果对路易斯直言相告，会显得自己非常情绪化，因此她在隐藏感受和暗中攻击之间摇摆不定。

如图 5-1 所示，玛丽亚的行为源自她自己的感受，她先是产生感受，然后做出行为。这看起来似乎很简单，但问题是什么导致玛丽亚出现这些感受呢？

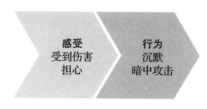

图 5-1　先产生感受，再做出行为

是因为路易斯的举动吗？和本章开头提到的那个婆媳案例一样，是不是路易斯的做法让玛丽亚感到愤怒和受伤呢？玛丽亚看到路易斯趁她休息的时候插话，把本该由她演示的几个关键创意抢着说了。这一幕让玛丽亚产生了情绪，接着在行动上表现了出来。

所以，我们要问的是，玛丽亚的所见所闻（关于路易斯的举动）和她的感受之间是怎样联系起来的？是我们的所见所闻或经历让我们产生感受的吗（见图 5-2）？如果是这样，为什么面对相同的情况，不同的人会产生不同的感受呢？

图 5-2　所见所闻与感受的联系

感受是由你的想法创造的

事实证明，他人的行为和我们的感受之间存在一个中间环节。所谓的中间环节，是指在观察到对方的行为之后，产生某种情绪之前，我们在大脑中构思的想法或情节。换句话说，我们会对观察到的事实赋予某种意义，猜测这种行为背后隐藏的动机，即他们为什么会这样做？同时，我们还会加入自己的判断——这种行为是好是坏？然后，在这些想法或情节的基础上，我们的身体做出情绪反应。

正因为有中间环节的存在，10 个人面对完全相同的情况才会有 10 种不同的情绪反应。例如，在和路易斯这样的人一起工作时，有些人会觉得是种侮辱，有些人会感到好奇，有些人觉得生气，有些人会感到被关心甚至是被照顾。

如果用图形来体现，整个过程如图 5-3 所示。我们把这个模型称为"行为方式模型"，因为它解释了体验、想法和感受是如何导致我们出现特定行为的。

图 5-3　行为方式模型

大家会注意到，这个模型中添加了"主观臆断"这个环节。我们首先观察事实，然后在脑中构思情节，接下来才形成感受。虽然这样显得复杂了一点，但好处是为我们解决问题带来了希望。因为有能力主观臆断的是且仅是我们自己，这就表明如果能构思不同的情节，我们就可以控制自己的情绪。如果我们有办法控制内心产生的想法（通过重新思考或重新解读等方式），我们就能管理自己的情绪，进一步掌控整个关键对话的表现。

我们的想法

> 世事本无好坏，皆因思想使然。
>
> ——威廉·莎士比亚

想法是我们判断事物的基础。它是我们对事实做出的解释。一开始，我们对看到和听到的事情做出解释，出现了一些想法（"卡尔拿着一个亮黄色的盒子走出大楼，盒子里装着机密材料"）。通常情况下，我们的想法会更进一步，猜测事情发生的原因（"卡尔在窃取我们的知识产权"）。我们的想法不仅包含结论，还包含判断（这件事是好是坏）和归因（解释他人的动机）。

想想玛丽亚和路易斯的例子。玛丽亚看到路易斯插话进来，然后就滔滔不绝地讲个不停。这是什么情况？玛丽亚认为路易斯把演示机会抢走了。但是玛丽亚的想法并没有就此停止，她进一步想路易斯为什么这么做："因为他不相信我的沟通能力，因为他觉得大家更愿意接受男人的观点，还有，他想抢风头。"她开始想路易斯这么做的动机，然后做出了一个判断："这个一心想往上爬的、搞性别歧视的心机鬼。"

当然，在大脑构思想法或情节时，我们的身体会马上产生相应的感受或情绪反应。这一点并不难理解，毕竟，我们的情绪是和各种判断直接关联的，如对与错、好与坏、善良与自私、公平与不公平等等。玛丽亚的想法产生的是愤怒和受挫的感受，这些感受会推动她做出相应的行为，在沉默不语和偶尔的暗中攻击之间摇摆不定（见图 5-4）。

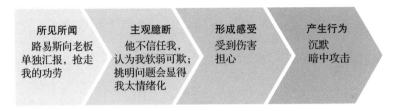

所见所闻	主观臆断	形成感受	产生行为
路易斯向老板	他不信任我，	受到伤害	沉默
单独汇报，抢走	认为我软弱可欺；	担心	暗中攻击
我的功劳	挑明问题会显得		
	我太情绪化		

图 5-4　玛丽亚的行为方式

关于想法的一些事实

即使你意识不到这一点，主观臆断还是随时在你的脑中发挥作用。每当我们在培训中说明情绪出现的原因是我们自己的想法而非他人的表现时，总是有人举手反驳道："我怎么不知道这是自己的想法在作祟？如果在会议上那个家伙嘲笑我，我会感觉很愤怒。这不是说明感受在前，想法在后吗？"实际上，主观臆断过程转瞬之间即可完成。一旦我们认为出现危机时，马上就会在大脑中形成想法，速度快得甚至连自己都意识不到发生过这个过程。如果你不相信，不妨问问自己是不是每次遇到别人的嘲笑都会感到愤怒。如果答案是有时愤怒有时并不愤怒，这就说明你的反应并不是条件反射行为，而是在嘲笑行为和你的感受之间有一个中转站，它决定了你做出不同的反应。换句话说，这个中转站就是你的主观臆断过程。你构思了一个想法，尽管你不记得这个转瞬即逝的过程，但对这个想法深信不疑。

一系列事实片段的组合会让我们形成无数的想法。这就说明为什么同样的事实会让人产生千百种不同的解释。例如，玛丽亚可以认为路易斯没有意识到她对这个项目的关注，也可以认为路易斯觉得他自己无足轻重，这是他展现价值的方式。或者，她还可以认为路易斯是在临时抱佛脚，因为他在工作中很少关注项目的每个细节。显然，这些想法都是基于同一个事实产生的，但是会让玛丽亚产生完全不同的情绪感受。

只要控制了想法的构思，我们就可以免受它的影响了。出色的对话者能够在关键对话中影响自己的情绪。他们意识到，尽管一开始我们能够控制自己的想法，但只要一说出口，这些想法便会反过来控制我们。所以，他们必须首先控制自己的感受，然后才能控制自己的行为方式。这样做的好处是，他们会进一步控制关键对话的结果。

好消息是，我们只需构思不同的想法就能解决这个问题。实际上，在构思出不同的想法之前，我们是无法摆脱这个问题的。

如果你想改善关键对话的结果，就要学会改变脑中形成的想法，哪怕是在和对方冲突的过程中也要这样做。

为什么需要控制想法

接下来我们介绍一些非常有用的工具，你可以用这些工具来寻找、审视和改进你的想法。首先，我们必须声明，这些技巧需要付出一定的努力，需要我们专心、专注和谦逊。很多读者在阅读这一部分的时候，往往读到中途就会冲着书大喊："为什么要做这么多事情，怎么这么麻烦？！"他们的意思是："为什么不能活得简单一点？把我们的情绪归咎于他人多轻松啊？"

真相是这样的，你可以不做这一步的工作，但不做的话，对话能不能成功就很难说了。如果你想改变局面，你就需要改变情绪。如果玛丽亚想改变局面，改善与路易斯的工作关系，她就需要改变她的行为方式。要想改变行为方式，她需要有不同的感受。要想有不同的感受，她就需要控制自己的想法。

控制我们的想法不等于对他人的不当行为放任不管。恰恰相反，如果对方的行为存在问题，那么在对话中首先需要解决的就是这种行为问题。当我们控制了自己的想法，我们就控制了自己在对话中的情绪。一旦做到这一点，我们就开始改变对话了。

对自己的想法不加审视还有一个风险，那就是你的想法可能创造了你的现实。人们为自己的想法做辩护的时候，往往会说自己的想法准确地反映了现实。先有现实，后有想法，想法仅仅是现实的反映。可能是这样。但是，如果往深里挖掘，我们往往会发现其实是想法创造了现实，至少促进了现实的发生。我们把这种情况称为"恶性循环。"下面我们来看一个恶性循环的实际例子。这件事情发生在约瑟夫刚结婚的那几年：

那时候我刚结婚没几年，有了两个孩子。那段时间我开始频繁出差，我太太西莉亚答应我不在家的时候她自己照顾两个孩子。有一天晚上我出差回家，西莉亚正坐在沙发上看书，我刚想跟她打招呼，手机响了。我当时脑子里出现了两个想法：①接电话，可能是跨国业务的紧急电话，只有我能处理；②不要接电话！我最爱的人想让我陪她。

我很清楚我应该怎么做，但是我并没有那么做，我接了电话。电话是一个业务伙伴打来的，我们在电话里谈了起来。

你要相信我，因为我接下来要说的话可能会让你觉得有点奇怪。在打电话的时候，我觉得后背中间有一种灼烧的感觉，一种向外辐射的灼热的感觉。我四下张望，想看看这种感觉是怎么来的，结果我一转头，便看到了房间那头的西莉亚正用一种吓人的目光怒气冲冲地盯着我的后背。我看了看她，愤愤地翻了个白眼，转过身去。我听到她把书"砰"的一声合上，脚步重重地走出了房间。她经过我身边的时候，我看了她一眼，不屑地摇了摇头。

我处理关键对话的水平怎么样？简直再糟糕不过了！

你能看出约瑟夫想法里的讽刺意味吗？出差一周终于回到家，这时他最想干什么？想跟他最爱的西莉亚待在一起。约瑟夫走进家门，西莉亚最想干什么呢？想跟她最爱的约瑟夫待在一起。但是，两人的举动却导致了相反的结果。为什么会这样？因为两人都受困于他们的想法。在那一刻，他们都相信自己的想法无比正确，都没有意识到他们的想法正在创造现实。

例如，当约瑟夫感到后背灼热，看到西莉亚脸上的表情后，他心里说西莉亚不通情达理、挑剔、控制欲强。他为自己接电话找理由："我累了一周，这就是我得到的待遇？"所以他心里愤愤不平，一心为自己辩护。想到这里，他冲西莉亚翻了个白眼，这样做可不太妙。约瑟夫的举动让西莉亚大声合上书，走出了房间。约瑟夫辩解他的想法是对的："西莉亚太挑剔，她一点都不通情达理！"约瑟夫的想法可能有对的成分，但他没意识到他对自己的这一想法负有部分责任。他的举动让西莉亚产生了想法和不高兴的情绪，导致她愤然起身离去。在事情走向恶化的过程中，他自始至终都负有不可推卸的责任。

所以，在为自己的想法辩护的时候，一定要首先查看你所描述的现实是不是你头脑里的想法创造出来的。

说到底，为什么要控制想法？因为这是实现真正目的之路上必经的一步。

控制想法的技巧

要想形成不同的想法，最有效的方法是什么？对话高手的做法是，想办法放慢节奏，然后控制自己的行为方式。具体做法如下所示。

行为方式回顾

要想放缓转瞬即逝的主观臆断过程，避免随之出现的冲动行为，你应当沿着行为方式模型一级一级地向前反推。这个过程需要费点儿脑力，首先你应当停止当前的做法，然后分析自己为什么这么做。整个反推过程如下所示。

- ［行为］关注你的行为表现，询问：

  我是不是在用行动表达不满，而不是坦率地说出来？

- ［感受］用语言把感受表达出来，询问：

  是什么情绪导致我做出这种行为？

- ［想法］分析感受背后的想法，询问：

  产生这种情绪的想法是什么？

- ［见闻］寻找想法背后的事实，询问：

  在我看到的和听到的事实里面，哪些能证实这个想法？哪些不能？

通过这个反推过程，你会让自己置身于思考和质疑活动中，进而改变其中的一个或多个因素。

关注你的行为表现

我们为什么要暂停，反推自己的行为原因呢？显然，如果你时刻不停地回顾自己的行为，寻找其中潜藏的动机和目的，恐怕永远也无法完成对话，因为你会陷入分析瘫痪而无法自拔。所以我们大可不必如此，只需考虑两种情况即可。如果出现下面这两种情况，就说明你需要停下来，反推自己的行为原因。

（1）**糟糕的结果**。你对得到的结果不满意。比如你想升职，但不能如愿；你想跟家人欢聚，但每次大家庭聚会，你都会发脾气。不管什么情况，如果你对结果不满意，请关注一下你的行为，反推引起你行为表现的原因。

（2）**糟糕的情绪**。你感受到负面情绪，而且是强烈的负面情绪。这是在强烈地提醒你，你现在该停下来，反推一下引起你强烈情绪的原因。如果你感到愤怒、沮丧、伤心、难过、恼火，一定要问问自己为什么会这样，并且体会一下，这种感觉是如何促使你采取行动的。

但是，光留意问题还不够，你必须诚实地审视自己的行为。如果你告诉自己暴力应对是因为"对方咎由自取"，那你肯定不会考虑改变这种做法。如果你的脑子里蹦出来的第一个念头是"是他们先招惹我的"，或是认为自己的举动很合理，你也不会产生改变的动力。在这种情况下，你非但不会停下来审视自己的错误之处，反而会积极地为这种行为寻找借口。

因此，当错误的想法在支配你的行为时，你应当停下脚步，想想别人是怎么看待你的行为的。比如，如果这一幕正在社交媒体上直播，你会是什么样子？一个与当事人无关的第三方会怎么描述你的行为？

对关键对话高手来说，他们不但善于关注什么情况下自己会陷入错误的应对方式，而且会积极主动地承认这一点。他们绝不会沉迷于自我怀疑的泥潭，而是努力发现问题，纠正错误行为。因此，当他们意识到对话陷入僵局时，他们会马上审视自己的行为原因。

用语言把感受表达出来

在追溯自己的行为原因时，对话高手会把关注点从审视自己的错误行为转移到探索感受上，尝试用语言把感受表达出来。乍一看这个做法很简单，你对自己说："我这样做是因为我感觉很愤怒。"瞧，这不是很容易的事吗？

其实不然，发现隐藏在行为背后的情绪要比你想象的难得多。实际上，很多人根本对情绪一无所知。当你询问他们的感受时，他们只会用"糟糕""生气"或"害怕"等字眼形容。如果这些表达做出了准确的描述还好，可大多数情况下并不是这样。例如，人们说自己感到气愤，可实际上他们的真正感受是尴尬外加几分诧异；遇到侵犯时，人们说自己感到伤心难过，可实际上他们感受到的是受到羞辱和受伤。

有人说生活又不是词汇量比赛，搞那么多不同的表达有用吗？这样想可就大错特错了，因为准确表达的确非常有用。了解真实感受可以帮助你更准确地了解问题出现的经过和原因。比如，如果你承认自己的真实感受是尴尬和诧异，而不是简单的"气愤"，这样肯定能更好地理解你的脑中形成了怎样的主观臆断。

当你经过思考，准确地表达出你的感受，你和情绪之间便拉开了一段距离。这段距离让你从情绪的囚徒变成了情绪的观察者。当你可以隔开一段距离看自己时，你就可以审视、研究和开始改变情绪。记住，在你准确地表达出感受之后，这个过程才得以开始。

那么你呢？在出现强烈情绪时，你会停下来首先考虑一下自己的感受吗？如果答案是肯定的，你是使用丰富的词汇，还是用模棱两可的"OK""很恼火""心烦"或"沮丧"来描述感受呢？其次，你会开诚布公地和他人谈论你的感受吗？你愿意和好友谈论内心深处的感受吗？最后，在容易说出的感受下面往往掩藏着一些需克服内心的脆弱才能承认的感受，比如羞愧、受伤、恐惧、缺乏自信，你会仔细体会并准确地识别出这些感受吗？

毫无疑问，了解自己的感受至关重要，要做到这一点，你应当学会用更准确的词汇来形容你的感受。

分析感受背后的想法

质疑你的感受和想法。确定真实感受之后，你应当停下来问自己这样一个问题：这种感受是否正确？也就是说，你主观臆断的想法是否正确？

要想控制自己的情绪，第一步是破除这样一个错误观点，即我们产生的是唯一正确的感受。这是最难的一步，但也是最重要的一步。只有通过质疑感受，我们才能做到质疑想法。我们拒绝相信不假思索的想法是正确的想法，并敢于质疑自己的情绪（情绪是真实的）以及情绪背后的想法（想法可能只是对事实诸多判断中的一种）是否准确。

这时，我们内心深处某种强大的力量往往会提出抗议："等等，我应该不需要改变想法。我的想法是准确的，没错，我是对的！"

这是情绪方面的"傻瓜式选择"，以为自己的想法非对即错。但这种情况很少发生。大多数情况下，我们的想法总有一些准确的成分。例如，玛丽亚认为路易斯在工作能力方面对女性有性别歧视，她可能是对的。但事实也可能不完全是这样。如果路易斯的上司刚给了他一个糟糕的绩效评估，告诫他以后要多主动发言呢？如果玛丽亚知道这一背景，她会不会有不同的感受？此外，在我们"准确的"想法中，往往还有很多微妙的地方。例如，玛丽亚可能认为路易斯的性别歧视是不可原谅的过错，也可能认为这是一个可以改变的人性缺点，这一小小的差别就会导致她做出不同的举动，前者是谴责路易斯，后者是试图影响他。

正如我们之前所说的，任何一组事实都可以引发无数个想法。我们越是对自己的想法负责，我们的情绪反应就越能精确和有效地反映想法。

区分事实和想法

有时候，无法质疑自己的想法是因为你把它当作不可改变的事实。在形成想法的转瞬之间，由于对这个过程太过关注，你会误以为自己的想法便是事实。虽然想法看起来和事实差不多，但它毕竟不是事实，这样做等于混淆了主观结论和客观条件。例如，为探索想法背后的事实，玛丽亚可能会说："路易斯就是个大男子主义白痴，这就是事实，不信你去问问大家他是怎么对待我的！"

"大男子主义白痴"显然并非事实，它只是玛丽亚根据自己的见闻主观臆断的想法，而这些所见所闻其实可以有多种不同的解读。如前所述，对于玛丽亚和路易斯的互动事实，每个人都会得出完全不同的结论。所以说，事实是一成不变的，而观察者的想法却是千变万化的。

要想让自己摆脱一个强烈的想法，最好的方法是把事实和想法区分开来。你可以用一个很简单的标准来测试想法是否准确：我所说的事实是亲眼所见，亲耳所闻吗？它是不是确实出现过的行为？

例如，在玛丽亚的案例中，实际上路易斯"完成了95%的演示，几乎回答了所有问题"，这是准确、客观和不容置疑的，是每个与会者观察到的相同的事实。但是，玛丽亚所说的"他不信任我"只是一个判断，并非事实。这句话只能说明她的看法，但并不是每个人都这样想。因此，判断是充满主观性的，它不能代替客观事实。

通过关注那些"过激"措辞来审视自己的想法。为避免混淆想法和事实，留心过激的措辞是一个很好的办法。例如，在评估事实时你会说"她朝我瞪眼"或是"他挖苦我"。在这里，"瞪眼"和"挖苦"就属于"过激"措辞。因为它们带有判断和归因的性质，会直接引发强烈的情绪。显然，这些措辞只是你的想法而非事实。实际上，"她紧闭眼睛，一言不发"和"她朝我瞪眼"完全不同。在玛丽亚的案例中，她认为路易斯喜欢自我表现，不尊重她的感受，但如果关注路易斯的行为的话（他不停地讲述，和老板一对一沟通），我们会发现这些事实会让人们做出各种解读。例如，路易斯这样做或许是因为紧张、担忧或是缺乏自信。

去掉过激词汇，回归基本事实，这件事看起来容易，但做起来难。例如，玛丽亚在区分事实和想法的过程中，可能要重复好几次才能完全去除评判。

- **第一次尝试（完全是想法）。**路易斯破坏了我们共同的计划，抢着讲了好几页本该由我讲解的幻灯片，把我变成"小透明"。
- **第二次尝试（有一些事实）。**路易斯抢着讲了 10 页本该由我讲解的幻灯片。在回答问题的环节，自始至终他都没有示意让我来回答。
- **第三次尝试（多了一些事实）。**路易斯讲了 10 页原定由我来讲解的幻灯片。在回答问题的环节，他回答了所有问题。

寻找其他事实。一旦我们开始形成一个想法（"路易斯是个一心想往上爬的心机鬼！"），我们便开始有选择地抓取那些能够证实这个想法的证据或事实，而忽视与想法有异的事实。我们相信自己的想法，也不打算改变自己的想法，所以我们只"看到"那些有助于我们继续相信这个想法的事实。在我们反推行为方式，回归事实的时候，我们需要重新看一下所有事实。我们忙于"内心戏"的时候，有没有忽视哪些事实？

例如，如果玛丽亚之前对路易斯有想法，她会不自觉地寻找事实去证实那个想法。我们都希望自己正确，所以我们寻找能证实自己想法的数据，同时忽视或不理会与我们的想法有冲突的数据。玛丽亚在寻找其他事实的时候，可能会注意到路易斯和西娜合作良好，而西娜是她非常尊重的一位同事；可能还会想起上个月开会的时候路易斯称赞过自己的工作。

当玛丽亚从维护自己想法的念头中解脱出来，她可能会发现更多事实：

- **第四次尝试（发现更多事实）**。路易斯讲了 10 页原定由我来讲解的幻灯片，对此我没有干预。在回答问题环节，他没有问我是否想回答就回答了所有问题，对此我也没有站出来表达我的意见。

在寻找其他事实的时候，请一定记得问自己："有哪些事实与我的想法相悖？"

留意三种常见的"小聪明"

在质疑和分析你的想法时，一定要密切关注一种常见的暗中为害的想法，即自我辩护式的想法。例如，在面对关键对话的时候，你没有积极参与建设性的对话，而是采用了沉默或反击的错误做法。你在某种程度上意识到自己做得不对，但经过分析，却迅速得出了一个似是而非的合理结论："我是对他大喊大叫了，你怎么不看看他都做了些什么？简直是咎由自取！""嘿，别用那种眼神看我，我也是迫不得已。"

对于这些富有想象力的自我辩护，我们称其为"小聪明"。因为这些想法能让我们心安理得地面对自己的错误行为。更糟糕的是，当我们的错误行为会带来可怕结果时，这些想法仍会让我们自我感觉良好。

在为错误行为辩护或是面对严重后果急于摆脱干系时，我们经常使用三种方式进行主观臆断。了解这三种方式可以帮助我们找到应对措施，控制自己的情绪。

1. 受害者想法："这可不是我的错！"

第一种是受害者想法。顾名思义，这种想法会把我们变成无辜的受害者。可以说，此类想法基本上都是这个模式：我们是善良的、正确的、聪明的、正义的，其他人或整个世界都联合起来反对我们。我们的不幸绝对不是我们自己造成的，我们是无辜的。

无辜的受害者这种概念不是没有，如走在大街上，突然有人拿枪指着你的脑门。如果发生这种情况，那就是悲惨的事实而不是虚构的想法，这时你才是无辜的受害者。

可是，带有受害者色彩的故事就不是那么回事了。在大多数关键对话中，当你提出受害者想法时，目的是要掩饰自己在问题中的责任。利用这种方式，你可以审慎地避开自己的做法（或是不作为）造成的问题。

例如，上周老板收回了你对某个大项目的负责权，这让你感到很郁闷，四处抱怨自己得到的不公正待遇。当然，你隐瞒了这个重要项目工期拖延，让老板深陷危机的事实，这也正是他把你"打入冷宫"的原因。关于这一点你可没对别人说起，是啊，谁让老板害得你不爽的。

为了突出受害者想法，你完全忽略了对自己不利的事实，只描述那些高尚的动机："工期拖延是因为我对质量精益求精，高标准严要求。"然后，你开始埋怨老板只会赏恶罚善："他根本不懂得欣赏像我这样对细节一丝不苟的人才！"（这一转折把你从受害者变成殉道者了。还有这么个好处呢！）

2. 大反派想法："都是你的错!"

第二种是大反派想法。在虚构这种想法时，我们会把理智而正常的人变成坏蛋。我们把问题归咎于对方的不良目的，然后"正义凛然"地告诉每一个人，仿佛自己就是救世主一样。我们无视对方身上的优点，对他们的缺点却夸大其词，大加谴责。

例如，我们会把高度关注质量问题的上司称为控制狂；当配偶抱怨我们说话不算数时，我们会说他们顽固不化。

在受害者想法中，我们会夸大自己的无辜；在大反派想法中，我们会过度强调对方的错误或愚蠢之处。我们不假思索地认为对方有最坏的动机或最差劲的能力表现，完全看不到他们的善意或毫无恶意的目的，也看不到他们身上的才能。在虚构这种想法时，给对方贴标签是最常用的方法。例如，"不是吧，那个傻瓜竟然又给我残次的物料!"给对方贴上带有某种"特色"的标签，我们便心安理得地认为自己打交道的对象是个愚蠢十足的家伙，而不是具有复杂心理情感的正常人。

虚构这种想法不但能让我们堂而皇之地指责问题是对方造成的，而且能让我们有充分的理由对这些"坏蛋"为所欲为。可不是嘛，既然对方是"坏蛋"，羞辱谩骂他们不是很自然的事情吗？如果他们是活生生的人，我们可能就不会这么为所欲为。只要有了这种想法，我们就无法实现真正的目的，只能在错误的行为中挣扎了。道理很简单，我们会对自己说："对话失败是我的错吗？也不看看对方都是些什么货色!"

我们不仅把个人想象成坏人，有时候还把整个群体的人都想象成坏人："那些愚蠢的工程师根本不知道怎样才能卖出产品。""哼，律师!哪个律师都不能相信!"把一个个体的人归到一个大的群体里面，然后排斥整个群体的人，这种做法让我们有理由对他们生气，或对他们嗤之以鼻。令人难过的是，恶意中伤一些群体和社群让他们遭受不公平对待和歧视的问题迟迟得不到解决。

注意双重标准。其实，受害者想法和大反派想法的本质是对事实极不公平的歪曲，出现这些想法表明我们在情绪失控时对对话双方做出了双重标准的判断。当**自己**犯错时，我们会炮制受害者想法，表明自己的意图是单纯善良的："我是回家晚了，也没给你打电话，可我不能让公司失望啊！"与此相反，当**对方**伤害了我们或是给我们制造了麻烦时，我们会抛出大反派想法，虚构他们的恶劣目的，夸大他们的错误表现："你怎么这么粗心！你可以给我打个电话说一声晚回家嘛。"

3. 无助者想法："这事我也没办法！"

最后一种是无助者想法。这种想法的特征是，我们总是认为自己无力做出任何积极努力或表现得有所帮助。对于在对话中遇到的问题，我们认为根本没有富有建设性的解决方式，为自己不作为寻找借口。例如，我们会说："别对儿子大喊大叫，他不会听你的！""跟老板说也是白说，他肯定听不进去，所以我才不去干那种傻事！"如果说受害者想法和大反派想法是在为我们做过的事寻找借口，那无助者想法可以说是在为我们消极面对问题的行为寻找借口。

当我们把对方的行为视为习以为常和难以改变的习性时，无助者想法很容易就会出现。例如，当我们认为某个同事是"控制狂"时（大反派想法），我们便不愿和对方沟通了。毕竟，这种人从来都不接受别人的建议（无助者想法）。因此，不管怎么做我们都改变不了这个事实。

不难看出，这种想法通常源自大反派想法，它的负面影响和"傻瓜式选择"差不多。有了这种想法，我们往往认为，坦诚相告会破坏人际关系，因此还不如保持沉默、得过且过。

为什么会产生这些错误想法

现在，我们已经很清楚了，这些想法并不能解决问题，只会给我们带来麻烦。可既然如此，我们为什么还要要这些小聪明呢？有两个原因：

它们符合实际情况。 有时候我们虚构的这些想法是准确的，对方的确给我们带来了伤害，我们的确是无辜的受害者，或是我们的确无力改变问题的现状。可以说，这些情况确实会发生，但并不常见。

它们能证明我们的行为是合理的。 通常情况下，我们需要逃避责任的借口时，往往不再寻找问题的合理解释，而是虚构这些小聪明式的想法。因为在这些问题上，我们也存在部分责任。对方不一定完全邪恶、错误，我们也不一定完全善良、正确，事实是双方都有责任，共同导致了问题的出现。但是，如果能把对方描述成错误的，把自己描述成正确的，那我们就能轻松摆脱困境。而且，把对方描述成"蠢蛋"之后，我们便可以心安理得地对他们进行羞辱和谩骂。

这些错误想法的产生通常源自我们知行不一的举止。不管你是否承认，我们的很多做法往往是不假思索的，除非遇到必须说明理由的情况，否则我们从来不主动寻找自己行为背后的想法。

当我们故意做出自己认为不正确的行为时，这种表现即知行不一。如果我们不愿承认错误，就必然会想办法证明自己的行为是合理的。这时，我们就开始要小聪明了。回想一下约瑟夫和西莉亚的故事，当约瑟夫出差回来走进家门的时候听到手机响，他是知道该怎么做的。他的良知清楚地告诉他，不要接电话，要专心陪西莉亚。但他没有这么做。就是从那时候起，他的头脑开始要小聪明了。他把西莉亚变成大反派（"她一点都不通情达理！"），把自己变成受害者（"我整整忙了一周了，你应该理解我！"）看！经过这么一想，约瑟夫觉得自己糟糕的举动完全合理，都是西莉亚破坏了他们的重聚时光。

再看另一个知行不一的例子：你正在车流拥挤的路上开车，很多车都试图并线到你的车道，其中有辆车离你很近，突然加速要插到你的前面。你脑中闪过一个想法，你应该让这辆车并进来，这是礼貌之举，毕竟，遇到类似情况时你也希望对方这么做。但是你并没有这样做，而是下意识地加速，紧跟上前面的车。接下来会怎样呢？你开始这样想："他不能就这么加塞。这个人怎么这样！我都排了这么久的队了，再说，我还有个重要的约会要赶时间呢。"

这么一来，你便成了无辜的受害者，对方成了令人讨厌的坏蛋。在这种想法的影响下，你开始心安理得地认为，一开始想让后来没让的做法是正确的。当然，你忽略了如果别人不让你，你会怎么想别人——"那个混蛋不让我并线！"

再来看一个和关键对话更相关的例子。你们部门来了一个新人，他的经验远不如你，但学习意愿很强烈。他总来找你问问题，有的问题明明昨天问过了，今天还来问。你有点不愿意帮他了。他占用了你那么多时间，把你自己的工作都耽误了。你知道，你现在应该拒绝他的很多要求，指引他去找别的资源。但你没有这么做，而是非常简单或不耐烦地回答他的问题，希望他能明白你的意思。他不明白你的暗示，继续来问你问题。你原来烦他，现在开始恨他了。你不回他的邮件，把你的即时信息状态设置成"离线"，希望完全避开他。他注意到异常，问你为什么，你半真半假地回避说："我就是太忙了。"后来你觉得回避他有点内疚，为了让自己感觉好一点，你开始对部门里的其他人抱怨，说他占用了你很多时间，他很多事情都需要别人帮忙。当初是谁把他招进来的？

在这两个案例中，你应当留意事件出现的先后顺序。对于想法和言行不一的行为，两者孰先孰后？你是先认为那位司机自私，然后才决定不让他插队的吗？当然不是，在你为自己的自私行为寻找借口之前，你根本没有理由认为对方是自私的。也就是说，在没有意识到一件事该做而未做之前，你是不会在大脑中虚构这些小聪明式想法的。同样，在你做出错误行为之前，同事总找你问问题也不是导致你产生愤恨感的原因。你之所以气恼，是因为自己知行不一。只有虚构这些小聪明式的想法，才能让你为自己的粗鲁表现找到借口。

其实，知行不一的行为经常都出现在小事中，小到甚至会让我们意识不到自己在为它们寻找借口。像这样的情况还包括下列普遍行为：

- 你觉得应该帮助某人却没有帮。
- 你觉得应该道歉却没有道歉。
- 你觉得应该在公司加班完成任务，却提前回家了。
- 你在该说"不"的时候没有说，然后期望别人不会检查你是否实现了承诺。
- 你觉得应该和某人谈谈需要关注的问题却没有谈。
- 你没有完成分内的任务，觉得应该主动承认，但你知道没有人会提起这事，所以就什么也没说。
- 你觉得应该认真倾听别人的反馈，却总是表现出抵触情绪。
- 你发现某人的方案存在问题，觉得应该指出却没有这样做。
- 你没有及时完成任务，觉得应该告诉其他人却没有告诉。
- 你知道同事需要自己手中的资料，却没有向对方提供。

显然，诸如此类的知行不一都会导致我们去寻找小聪明式的理由。我们不肯承认自己的错误时，便会固执地认为问题是对方引起的，我们是无辜的，我们已经尽力而为了。我们想要寻找借口而不是解决问题时，便会在大脑中虚构错误的想法。毫无疑问，寻找借口绝不是我们的**真正**目的，但为了掩饰错误我们会表现得这样做很正当。

了解了这个事实，我们来看看该怎样消除这些错误想法。这是本章介绍的最后一个对话技巧。

改变主观臆断

了解到在自己的脑子里形成的小聪明式的错误想法之后，我们要学习的是该怎样消除这些想法。意识到自己正在为错误行为寻找借口时，对话高手会暂停交流，努力改变错误想法，构思**正确**想法。所谓正确想法，指的是那些可以引导积极情绪的想法，而只有积极的情绪才能带来对话等健康的行动。

那么怎样才能把错误想法变成正确想法呢？你应当改变主观臆断，因为错误想法有一个共同之处，即缺乏完整性。错误想法会忽略关于自己、他人以及我们的人际关系等方面的关键信息。只有把这些重要的信息综合起来，我们才能把错误想法变成正确想法。

要想弥补错误想法中遗漏的细节，最好的方式是什么呢？很简单，把受害者变成参与者，把大反派变成正常人，把无助者变成行动者，具体方式如下所示。

把受害者变成参与者。如果发现你在对话中把自己描述成无辜的受害者，你可以问自己一个问题：

"我是否故意忽略自己在这个问题中的责任？"

这个问题可以帮助你面对事实，让你意识到或许自己也是导致问题出现的一部分原因。换句话说，你并不是事件的受害者，而是问题的参与者。当然，这么说并不表示你一定怀有险恶的行为动机，或许你的错误只是一种无心之失。但不管怎样说，你多少还是有责任的。

例如，你的同事总是把难做和无聊的任务丢给你去做，你经常向亲友抱怨自己在工作中被人利用。但是，你没有提到的事实是，每次老板夸你勇于承担重任时你都乐得合不拢嘴。你对同事什么都没提起，最多只是暗示过几次。

通常情况下，当我们面对一个持续的问题或反复出现的问题时，我们扮演的角色是一个无声的同谋，并且故意忽略自己在事件中的责任。这个问题已经持续了一段时间，而我们什么也没说，我们的角色是沉默不言。

要想改变错误想法，第一步是在你的描述中添加重要的事实。通过分析自己的责任，你可以意识到你对问题的认识有多偏颇，意识到自己是如何忽略自身错误和夸大对方错误的。

把大反派变成正常人。如果发现你在给别人贴标签，或是说别人坏话，你应当停下来，问自己一个问题：

"一个理智而正常的人为什么会这样做？"

这个问题可以帮助我们把对方视为富有人性的人。在寻找这个问题的可能答案时，我们的情绪会逐渐软化，以同理心取代评判，以个人责任感取代自我辩白（如果之前对待他人的行为有所不妥）。

例如，平日里总是逃避困难工作的同事最近跟你说，她看得出你正忙于一项重要的任务。昨天当你正在为一项紧迫任务忙碌时，她积极伸出援手帮助你完成了工作。这个举动让你满腹狐疑，认为她主动帮你做这项引人注目的工作，是想让你下不来台。你暗自想："她只是为了标榜自己，让我丢脸才假装帮忙呢！"瞧，这就是你脑子里蹦出来的最初想法。

但是，如果你的同事是个理智而正常的人呢？如果她没有别的目的，只是想帮你一把呢？你对她的恶意中伤是不是太草率了呢？这样做岂不是要承担可能伤害人际关系的风险吗？如果你指责她，但事后发现自己冤枉了好人，该如何收场呢？

询问这样一个问题，并不是要为对方的错误行为寻找借口。如果他们的确有错，我们可以以后找机会解决。学会把对方当作正常人对待，目的是改变我们自己的错误想法和情绪。这样做可以让我们从各种可能的角度去理解对方的行为原因，是一种有效的自我调节情绪的方式。

实际上，随着经验的积累和技巧应用的成熟，我们慢慢地会越来越不关注对方的行为目的，不再沉浸于寻找对方不良动机的游戏，而是越来越关注其行为会对我们造成的影响。值得欣慰的是，当我们学会思考其他目的时，不但会消除我们自己的强烈情绪，而且能让我们彻底放松地投入对话。只有这样，我们才能发现对方的真正目的。

把无助者变成行动者。如果你发现自己总是在对话中抱怨无力改变的事实，你可以通过反思初始目的的方式改变错误想法。你可以问自己以下问题：

"我的真实目的是什么？我希望为自己、他人、我们的关系实现什么目的？"

明白了这个问题，你就能摆脱"傻瓜式选择"，正是这种选择让你陷入要么沉默，要么暴力的无助情绪。为此，应当进一步问自己以下问题：

"要想实现这些目的，现在我该怎么做？"

例如，你发现自己正在指责同事在一项艰巨的任务面前袖手旁观。你的强烈情绪和突然发作让对方感到很吃惊，一动不动地愣在那里。当然，你并不相信这种表象，坚信她是故意逃避困难任务，认为无论怎么暗示她也不会做出改变。

你对自己说："我也是身不由己，我不想发火，但不这样做也没办法。"当你这样想时，就已经偏离对话的真正目的了，即分担工作任务以及和对方建立良好的人际关系。你心里想："与其被愚弄，还不如冒犯对方。"你在做出这个傻瓜式选择，已经放弃了一半的目标。

你该怎么办呢？你应当公开、诚恳、有效地和对方讨论问题，而不是肆意抨击对方，为自己寻找借口。当你不再把自己视为无助者时，就可以积极使用对话技巧，承担对话责任，而不是一味抱怨自己的无助了。

▶ 人质谈判专家

从人性的角度理解他人，不是为他们的不良行为或不良动机开脱，而是帮助自己做好准备，成功展开有意义的关键对话。本书作者之一罗恩·麦克米兰从一位从事高危职业的人身上认识到了这一原则的价值。

请扫描二维码，观看视频"人质谈判专家"，听罗恩讲述人质谈判专家的故事。

案例回顾

下面我们回到玛丽亚的案例中, 看看这些技巧是如何运用的。假设她对行为方式进行了回顾, 发现了事实和想法之间的区别。这样能够帮助她意识到, 自己以前的想法是不完整的、自我防御的和伤害他人的。同样, 三种小聪明式的想法也不能解决问题。现在, 她准备改变主观臆断, 建立全新的想法。为此, 她询问自己以下问题。

● "我是否故意忽略了自己在这个问题中的责任?"

"发现路易斯独自向老板汇报工作时, 我觉得应该问他为什么这样做。如果我这么问了, 就能和他展开对话, 帮助我们更好地合作。但是我没有问, 随着愤怒情绪的滋长, 对这个问题我越来越不关注了。演示汇报的时候, 他讲了我那部分幻灯片, 但我没有打断他。他没邀请我回答问题, 我也没站出来说话, 而是在一旁生闷气。"

● "一个理智而正常的人为什么会像路易斯这样做?"

"他的确很关心如何提出高质量的创意, 或许他只是没有注意到, 其实我和他一样希望这个项目取得成功。他开会时的举动可能是因为紧张, 而不是对我有意见。"

● "我的真实目的是什么?"

"我希望和路易斯形成彼此尊重的合作关系, 我希望得到尊重。"

● "要想实现这些目的, 现在我该怎么做?"

"我要和路易斯约个时间好好谈谈, 谈谈演示的情况, 再探讨一下该怎样合作。"

当不再主观臆断时，我们便会从不健康的情绪困扰中得到解放。更重要的是，随着情绪得到控制，重新回到对话中，我们从情绪的俘虏变成了情绪的主人。

玛丽亚后来是怎么做的呢？她和路易斯进行了一次交谈。玛丽亚解释了她对项目的期望，也说了自己的看法，路易斯为自己的做法向玛丽亚道歉。他解释说是想就演示方案中一些有争议的地方和老板先行讨论一下，但后来才意识到在玛丽亚不在的情况下这样做的确不合适。此外，他还为主导整个演示活动这件事道了歉。通过这次对话，玛丽亚得知原来路易斯在紧张的情况下话比较多。路易斯建议以后遇到这种情况，两人可以分别承担半场演示工作，这样他就不会抢占玛丽亚的表现机会了。最后，两个人的对话顺利结束。双方都了解了彼此的观点，路易斯承诺以后会在工作中表现得更加敏感一些。

玛丽昂的关键对话经历

在公司里工作了 25 年后，我离部门总监的职位只有一步之遥。但是，不管我申请多少次，面试多少次，每次我都落选。经历过一次次的失望后，我心里开始有了想法，但我什么都没说。

学习关键对话后，我重新审视了自己的处境，意识到我需要一次对话，我还从来没问过领导我不能升职的原因是什么。

走出这一步很难。不过，通过运用我学到的"控制想法"，我认识到了自己想法和情绪的由来：起初我保持沉默，以为自己只是运气不好；后来不能再拿运气说事了，便开始有了"都是凭关系"的想法——其他人知道走什么门路，我落选是因为我"正直"。就这样，我的受害者想法和大反派想法让我一直保持沉默，心里充满怨恨。我反思了很长时间，得出了新的结论："我落选的部分原因是我从来没有询问为什么落选。"想法改变了以后，我不再觉得自己是受害者，而是从受害者变成了参与者。我决定采取行动。

对话过程有点艰难。领导告诉我，要升职到部门总监，我必须有在小一点的公司担任部门总监的经验。这个理由听起来是真的。我不喜欢这个理由。不管怎样，我现在必须做出决定了。我从公司辞职，去外面找了一份部门总监的工作，这个部门比我原来所在的部门大四倍。

要是我没下定决心面对我的想法，我是没有机会实现愿望的。

小结：控制想法

如果强烈的情绪让你在对话中陷入沉默或暴力，试试下面的方法。

行为方式回顾

- **关注你的行为表现。**如果发现自己正在远离对话，问问自己在做什么。

- **用语言把感受表达出来。**学会准确识别行为背后的情绪。询问自己："导致这种行为的情绪感受是什么？"

- **分析感受背后的想法。**寻找感受背后其他的可能解释。询问自己："我有哪些想法才会造成这些情绪？什么想法会造成这些情绪？"

- **区分事实和想法。**回到事实本身，放弃绝对表达，区分客观事实和主观想法。询问自己："形成这种想法的事实依据是什么？"

- **注意似是而非的小聪明式想法。**尤其是受害者想法、大反派想法和无助者想法。

改变主观臆断

你应当询问自己以下问题：

"我是否故意忽略自己在这个问题中的责任？"

"一个理智而正常的人为什么会这样做？"

"我的真实目的是什么？"

"要想实现这些目的，现在我该怎么做？"

第二部分

如何展开对话

学到这里，你已经在思想上和情绪上为健康的对话做好了准备。现在该开口说话了。但是怎么说呢？先说什么？再说什么？最后说什么？你准备怎么应对对话过程中那些无法避免的雷区呢？

这一部分的技巧将帮你应对对方的沉默或暴力模式（第6章"注意观察"），减少对方产生抵触心理的可能性（第7章"保证安全"），在对话中循循善诱，减少争议（第8章"陈述观点"），了解对方的观点（第9章"了解动机"），在做这一切的同时，让自己保持情绪稳定（第10章"掌控自我"）。

CRUCIAL
CONVERSATIONS

| 第 6 章 |

注意观察：如何判断对话
氛围是否安全

没有一个无赖认为自己是无赖，自知之明是一种美德。

——韦达

　　在展开本章的讨论之前，我们先来看一个失败的关键对话案例。过去这些天，你和团队的同事一直忙着做一份公司收购提案。今天，经理要把提案呈交给公司的指导委员会。他邀请你"旁听"会议，并且明确地告诉你，你在会议上不要发言，只要听和观察就好。能参加会议你很兴奋。首先，你对团队的提案很有信心，很想看看指导委员会如何反馈。其次，这将是你第一次看到公司的领导团队如何讨论和决定公司的事务。总之，能列席会议你很激动。

　　你找了把靠墙边的椅子坐下，首先引起你注意的是高管们的座位。CEO 科琳理所当然地坐在大会议桌的顶头位置，其他人好像都是随便坐，但公司 CFO 马尔科的位置有点特别，他坐在会议桌的最那头。你之前曾私下听说科琳和马尔科的关系比较紧张。

会议开始了，科琳让经理讲一下提案。经理清晰明了、简明扼要地讲了提案，大家都听得很认真。结束之后经理请大家提问，有位你不认识的高管问了一个尖锐但友好的问题，经理回答了。但是，他刚想请大家继续提问，科琳插了进来，说了她对刚才问题的看法。讨论就一直按照这个模式进行，有人发表意见，科琳紧跟着说她的看法。你注意到，几乎每次有人发言后，科琳都要说一下她的意见，每次讨论都离不了她的发言。

最后，马尔科开口了。他先是对刚才的讨论做了总结，说自己理解科琳的立场，然后言辞犀利地说科琳错了，错在哪里。科琳反驳，马尔科回击，两人唇枪舌剑，往来不休。正在你以为他们要大吼大叫、情绪失控之际，科琳后退了一步，叫停讨论，结束了会议。马尔科猛地用力把椅子往后一拉，那架势好像在躲避一辆冲过来的大巴，然后一言不发，闷着头走出了会议室。

你和经理坐电梯下楼的时候，你问道："天哪！他们经常这样吗？"

经理说："差不多吧。每次一开始都很好，但是说着说着就吵起来了。这两人根本没法合作。马尔科一开口，灾难就开始了。"

"为什么？"你很想知道经理的看法。

"你看，最后谁都看得出来他俩有多生气。两人你一句我一句，谁都不让对方说完话，嗓门也越来越高。但在那之前，马尔科一开口，我就知道坏事了。他一开始说话就那么绝对，'一直都是这样……那个绝对不行……'。那个家伙可能是领导层里面最聪明的，他自己也知道这一点。但是他说话那语气，什么'一直这样''绝对不行'，肯定让科琳特别生气。"

你想了一会儿，然后说："我特别同意。马尔科一开始说话，气氛就不对了。但是，在此之前还有一些事情让对话偏离了正轨。"

经理惊讶地说："是吗？我以为在马尔科说话之前一切都很好。你注意到了什么事情？"

你若有所思地说："每个人说完以后科琳都要评论一番，这让我觉得很有意思。你说点什么，她也说点什么。有时候她急着发表意见，还打断别人说话。"

经理说："确实是这样，不过科琳就是这样的人，她对事情特别热心，也想跟我们所有人都谈谈。"

你说："嗯……可能是这样吧……她说想让每个人都参与讨论，可是我觉得她老打断别人说话影响了对话。她控制着对话的节奏和方向。我不知道这是不是马尔科意见这么大的原因。"

经理说："我以前没想过这点，或者说从来没注意过。下次我观察一下。"

电梯到了你们部门的楼层，你和经理走向了各自的办公室。

留意对话气氛

越早意识到你和对方退出了对话模式，就越容易把谈话拉回正轨，为此付出的代价也就越小。与此相反，越晚意识到你们已经退出对话模式，就越难回到正轨，为此付出的代价也就越大。

但是，我们大多数人都注意不到沟通出现问题的早期迹象。在关键对话中，维持对话的关键能力是要学会"双路处理"。你不仅要注意对话的内容（在谈什么），还要留心观察对话的气氛（怎么谈的）。在对话风险很高的时候，我们往往深陷于对话内容无法自拔，几乎不可能腾出精力去观察自己和对方会有哪些细微的变化。即使对话中出现的情况让我们大吃一惊，我们最多也只是这样认为："哎呀，怎么搞的，好好的谈话竟然变成了这样！现在该怎么办呢？"我们并不知道关注哪些细节才能继续推进对话，为对话带来转机。我们无法看到在对话过程中究竟发生了哪些细微的变化。

为什么我们身处激烈的讨论之中，却看不到在自己面前发生的细微变化呢？对此我们可以用一个比喻来说明。这就好像你和一个老手第一次去钓鱼，对方不断对你说要把鱼线抛到上游 1.83 米开外的地方，因为鳟鱼"就在那里"。可是，你揉了半天眼睛也没看到半条鱼影。对方能看到是因为她知道该从哪个角度去观察。你觉得自己也能发现鳟鱼，可实际上你看到的只是鱼在水下通过阳光折射出来的幻影。现在，你应该忘掉父母教给你的那些过时的观点，学会透过细节观察本质了。要想知道该关注哪些目标，你必须具备相关的知识并付诸实践，只有这样才能发现问题的本质。

那么，在关键对话过程中你应该关注哪些方面呢？要想及时发现问题，你该留意哪些细节呢？我们认为，你必须关注以下三种因素：对话陷入危机的时刻、对方失去安全感的信号（即表现出沉默或暴力倾向）以及你应对压力的方式。下面，我们就来分别进行说明。

学会识别关键对话

首先，当对话从正常讨论变成激烈争执时，你就必须留意了。同样，在和对方展开棘手的对话时，你必须小心翼翼地应对，就好像进入布满地雷的危险地带一样。如若不然，你很可能还没搞清楚发生了什么状况，就陷入一场徒劳无功的游戏。正如我们在前面所说的那样，你偏离对话模式越远，就越难回到正轨，为此付出的代价也就越大。

为了尽早发现问题，你应当调整自己的思路，注意那些标志你进入关键对话的信号。例如，面对关键对话时，有些人会首先注意到**生理**信号。你可以想想看，当对话陷入危机时你的身体会有什么反应。在生理反应方面，每个人的表现都不太一样，你会是哪种反应呢？你可能会肚子不舒服，眼睛发干。不管你是什么反应，你都应当将其视为危险信号，命令自己暂时后退、放慢节奏，在重新掌控局面之前认真审视自我。

有些人首先注意到自己的**情绪**反应，随后才会留意生理上的变化。他们会感到害怕、受伤或愤怒，然后努力做出反应或是抑制这些感受。这些情绪也是很好的指示器，能告诉你什么时候该后退、放慢节奏，让大脑回归理性思考。

还有些人首先注意到行为方面的细微变化。对他们来说，这些变化更像是一种体外感受。他们会发现自己提高嗓门，对别人指手画脚，或是变得非常安静。只有当意识到这些信号时，他们才认识到自己的感受发生了变化。

想想看，在面对困难重重的对话时，哪些信号会帮助你意识到你大脑的思维功能正发生短路，你正陷入远离健康对话的危险泥潭？

学会关注安全问题的信号

对对话高手来说，他们时刻警惕**安全问题**。他们当然关注对话内容，不过他们还关注人们感到害怕的细微信号。当朋友、家人或同事退出健康的对话模式，即要么强迫对方接受自己的观点，要么故意隐瞒自己的真实想法，**对话高手**马上会注意到对方是否失去了安全感。

在安全的对话气氛中，你可以畅所欲言。这就是对话高手总是密切关注安全问题的原因。顾名思义，对话需要双方实现观点的自由交流，阻止观点交流的最大元凶莫过于恐惧感了。当你担心对方拒绝接受你的看法时，你便会表现得非常强势，迫使他们接受自己。当你担心说出真实看法会受到某种伤害时，你便会犹豫畏缩，隐藏内心的真实想法。显然，无论是对抗还是逃避，这些反应全都是由恐惧感催生的。与此相反，只要在对话中营造出足够安全的气氛，你就可以随心所欲地讨论任何问题，对方也会全神贯注地聆听你的看法。同样，如果不怕受到攻击或羞辱，你可以坦诚接受对方的任何观点而不会产生抵触情绪。

这是一个非常特别的观点，值得大家认真思考。我们想说的是，其实人们不会因为你表达的**内容**感到气愤，他们表现出抵触情绪一般有两个原因：一是他们在对话中失去了安全感；二是你说的话让他们质疑你**为什么**这么说。具体来说，他们开始猜测你是不是不尊重他们（"这是不尊重的信号吗？"），或是猜测你的意图（"这是不是说明你对我怀有恶意？"），或是猜测你既不尊重他们，又对他们怀有恶意。不管怎样，问题的关键并不在于对话**内容**本身，而在于对话的**方式和气氛**。如前所述，我们在很小的时候就已经得出这样的人生结论，说实话和顾面子就像鱼和熊掌，不可兼得。实际上，这种结论背后隐藏的逻辑是，有些信息是根本不能和某些人共享的。随着我们慢慢长大，这些无法共享的信息变得越来越多，直到有一天我们突然发现自己总是无法顺利展开关键对话。如果我们在这里所说的是正确的，那么问题的关键并不在于信息本身，而是在于我们无法帮助他人建立安全接收信息的对话气氛。如果你能发现对方什么时候失去安全感，你就能采取行动做出补救。为此，我们要面对的第一个挑战是**观察**对方的安全是否受到威胁。

你可以想想自己的经历。有没有过这样的情形：在和他人进行对话时，尽管对方的观点听起来让人很不舒服，但你并没有产生抵触情绪。

正相反，你认真聆听他们反馈的信息，仔细思考他们的看法，让自己坦然接受对方的影响。如果有过这种经历，问问自己为什么会这样。为什么在这种情况下你会自动自愿地接受令人不快的反馈信息呢？我们敢说，你和大多数人一样，出现这种情况是因为你认为对方在对话过程中充分考虑了你的利益。此外，你对对方的观点也表示出极大的尊重。你觉得接受这些信息很**安全**，是因为你相信对方的动机和能力。在这种情况下，即使你不喜欢对方的观点，也还是会做出积极反应，而不是表现出自我防御。

与此相反，如果你感到对话气氛不够安全，你肯定无法接受对方的任何反馈。这就好像在共享观点库上加了一个闸门，堵住了信息的自由交流。例如，面对别人的赞美，你会多疑地反问："你说我气色不错是什么意思？是在取笑我吗？是想羞辱我吗？"看，当你感到失去安全感时，对方善意的话语也会被你当作威胁。

安全不等于舒服。值得注意的是，在对话中感到安全并不等于感到舒服。我们在下一章会详细地讲什么是安全感，现在我们先说一下安全感不是什么。根据定义，关键对话是艰难的对话。我们和对方都需要在关键对话中做出努力，经常需要试探着往前走，并且会感到某种程度的脆弱。衡量对话是否安全的标准不是我在多大程度上感到舒服，而是双方是否能自由顺畅地交流观点。我和对方是否觉得我们之间能够交流观点，倾听对方的观点，用诚实和尊重的态度来对待彼此？如果你们能做到这点，如果你们能用诚实和尊重的态度来交流观点，那对话就是安全的。

当对话缺乏安全气氛时，你就会被蒙蔽双眼。如前所述，当我们出现强烈情绪时，重要的大脑机能会停止工作，体内的化学激素会迫使你做出逃跑准备，就连你的视野范围也会变得非常狭隘。实际上，当你感到受到严重威胁时，除了自我防御之外顾不了其他。

通过减少对对话内容的关注，强调对安全气氛的观察，你可以重启大脑的思维功能，拓宽自己的视野范围。如前所述，当你命令大脑去思考新的问题时（警惕安全受到威胁的信号），你的思维功能便会重新开始运转。当理性思维中心保持活跃状态时，你就不太可能再犯愚蠢的错误，而是更有可能顺利完成关键对话。

注意，不要让安全问题把你引入歧途。 当对方感到失去安全感时，他们会表现出令人气恼的举动。他们可能会取笑你，羞辱你或不顾一切地想说服你。这时，你**应当**这样考虑问题："哦，原来他们感到对话气氛不够安全，看来我要想办法提高他们的安全感才行。"不幸的是，你在面对这种情况时往往不会把对方的威胁视为缺乏安全感的信号，而是头脑简单地决定和他们对着干，决定以眼还眼，以牙还牙。这时，你的脑子里想的只有一件事："对方在攻击我！"然后，你那供血不足的大脑就开始短路，开始做出战斗或逃跑的准备了。显然，无论做出哪种"傻瓜式选择"，你都失去了"双路处理"的能力和重建安全气氛的能力。换句话说，此时的你实际上已经成了为自己制造麻烦的元凶。

好好想想这条建议的重要意义。我们要求你对抗以牙还牙的本能倾向，学会对自己这样说："啊，我明白了，那是对方感到缺乏安全感的信号！"然后想办法让对方感到安全。

澄清一下，我们不是让你容忍粗暴的行为，而是让你思考一下这种行为背后的原因。当然，有些"混蛋"确实是混蛋，可以说是彻头彻尾的混蛋。但我们说说实话吧。你有没有发过脾气？有没有在盛怒之下对别人大喊大叫？有没有在无法忍受的时候打断别人说话？有没有不恰当地利用你作为父母、上司或专家的权力来达到自己的目的？你知道……表现得像个混蛋一样？可能我们都有过这样的时候。你猜怎么着？我们不是混蛋。我们只是在遇到难题的时候因为缺乏安全感而做出了一些攻击行为而已。我们在自己身上看到了这点，也需要本着宽容和尊重的态度在别人身上看到这点。当然，做到这点很难，但绝对值得。

这些技巧是其他对话技巧最为关键的基础。对那些对话高手来说，这些技巧让他们获益良多。不难想象，与日俱增的影响力、不断改善的人际关系、高度凝聚的团队、高效率的领导力，这些改变无一不是源自这一前提。有鉴于此，我们强烈建议大家养成识别和响应安全问题的能力。

至于如何响应安全问题，我们将在下一章讨论。现在只要学会识别安全问题就可以了，然后在对话过程中充满好奇心，而不是表现得愤怒或惊恐。一定要学会识别对方失去安全感的两种行为，即对方开始陷入沉默或开始诉诸暴力。

沉默和暴力

当人们感到失去安全感时，他们往往朝着以下两种错误做法的方向走去。他们要么陷入沉默（拒绝进行观点交流），要么诉诸暴力（试图强迫对方接受其观点）。这一点，我们已经了解了，下面我们详细讨论一些细节问题。正如老手的一条经验可以让我们在浑水中发现鳟鱼一样，了解一些沉默和暴力的常见表现形式也能帮助我们在第一时间辨认出其中的安全问题。明白这一点，你就能在问题变得无法收拾之前及时暂停对话，营造安全气氛，然后重新启动对话。

沉默。沉默包括所有有意拒绝观点交流的行为，几乎从来都是逃避潜在问题的方式，总是会限制观点在对话中的交流。其表现方式有很多，从玩文字游戏到对对方不理不睬都在此列。最常见的三种沉默形式是掩饰、逃避和退缩。

（1）**掩饰**是指对问题轻描淡写或有选择地表达观点。冷嘲热讽、甜言蜜语和字斟句酌是掩饰做法的常见形式。

"呃……我觉得你的想法很棒，真的。我只是有些担心其他人注意不到这些细微的变化。要知道，如果观点比较超前，结果反而会遭到大家的抵制。"

真正含义：你的想法太疯狂了，没人会接受！

"是吗，这个办法太好了（同时翻了个白眼）。为顾客打折，人们便会为买一盒肥皂可以省 6 分钱而穿过大半个城。"

真正含义：这算哪门子白痴主意？

（2）**逃避**是指完全避开敏感话题的行为。我们虽然表面上在对话，但总是避重就轻，从不涉及真正重要的问题。

"你的新西装怎么样？嗯，你知道蓝色是我最喜欢的颜色。"

真正含义：有没有搞错！你是在马戏团买的衣服吗？

"说到缩减成本问题，你觉得这样可以吗？把供应的咖啡冲淡些，复印纸双面使用。"

真正含义：提出微不足道的建议或许可以转移目标，避免讨论员工效率低下等敏感问题。

（3）**退缩**是指彻底退出对话。我们不是退出对话，就是离开房间。

"抱歉，我得接个电话。"

真正含义：这种无聊透顶的会议，我一分钟也不想多待！

"抱歉，我不想再讨论分摊电话费的问题，再这样下去恐怕连朋友都

做不成了。"(转身而去)

真正含义：哪怕是芝麻大点儿的琐事也要吵，我受够了！

暴力。暴力包括所有试图**迫使**、控制或强迫对方接受自己观点的言语行为。这种做法的特征是人们把自己的信息强行加入信息库中，因此也会破坏对话的安全气氛。表现形式从骂人、自顾自说到恫吓威胁，不一而足，其中控制、贴标签和攻击是最常见的三种形式。

（1）**控制**是指胁迫对方按照你的思路考虑问题，表现方式有两种，要么强迫对方接受你的观点，要么在对话中搞一言堂。具体做法包括经常打断对方讲话、过度强调自己的观点、大量使用绝对性字眼、经常改变话题，以及使用指令性问题控制对话过程。

"世界上没有人不买这些产品，它们是最好的礼物。"

真正含义：虽然没有正当理由说明为什么要浪费来之不易的钱买这么贵的玩具，可我真的很想要一个。

"我们试过他们的产品，简直糟糕透顶。全世界没人不知道他们送货不及时，客户服务最差劲。"

真正含义：我并不清楚真实情况，所以用夸张的字眼来吸引你的注意。

（2）**贴标签**是指给某些人或某些观点贴上标签，把它们视为具有某种特征的一类人或物。

"那个主意？在20世纪90年代可能管用，但是现在，但凡一个人还关心产品质量和客户服务，就绝不会实施那种方案。"

真正含义：既然在方案价值方面说不过你，那就对你搞个人攻击。

"你是认真的吗？只有［填入一个对立政党的名字］的人才会认为这是一个好主意。"

真正含义：只要让人感觉对立政党的人都不是好东西，我就不用再解释了。

（3）**攻击**便无须解释了，指的就是字面含义。我们往往会希望战胜对方，进而发展到希望为对方制造痛苦。具体行为包括贬低和威胁对方。

"有胆你再试试那该死的小花招！"

真正含义：如果你不听我的，我就威胁惩罚你。

"别听吉姆瞎指挥。抱歉，吉姆，我就是在针对你。你就会让自己的部门享福，让其他部门受罪，这种情况早就不是第一次了。知道吗？你这人就是这么混。很抱歉，不过这事早晚要有人站出来说个清楚。"

真正含义：为了达到我的目的，我必须说你的坏话，然后假装我是唯一正直的人。

学会关注压力应对方式

你一直在留意对话会在什么情况下出现危机，并时刻注意识别那些威胁安全感的信号。除此之外，你还需要注意一件事情：你自己的行为。这可能是最难密切观察的因素。在和他人陷入激烈争论时，大部分人都很难摆脱话题的牵引。毕竟你也不能跳出自己的身体客观地观察自我，谁让我们的眼睛无法审视自己呢？

效率低下的自我监控器。的确，我们都很难监督自己的行为。当我们满脑子都是观点和理由时，往往会变得毫无社交敏感意识，根本不知道自己在做什么。我们会蛮横无理地强迫对方，在不该讲话时乱发言，会陷入惩罚性的沉默，会做各种徒劳无益的行为——所有这一切都有冠冕堂皇的理由。最终，我们往往没有意识到自己已经变成了幽默作家杰克·汉迪（Jack Handy）笔下的人物：

人们都说和我住在同一个街区的某个家伙有多讨厌，我决定亲自去探个究竟。我来到那人门前，结果他说自己不是大家所说的人，那个讨厌鬼住在那边那栋房子里。顺着他指的方向看了看，我说道："你可真是个傻瓜，那是我家！"

很不幸，如果你不能觉察自己的行为，你会表现得很傻。例如，你问配偶为什么把你一个人丢在汽修厂整整一个小时，对方指出这不过是个误会，然后说了一句："你没必要生气。"

你的回答特别经典："我没生气！"

当然，谁都看得出来这句话言不由衷，因为你几乎是吼出来的，说的时候脑袋上青筋暴起，一点儿都不像没事的样子。不过，你自己肯定注意不到这些，因为你所有的注意力都放到对方身上了，当配偶笑话你小题大做时，你当然会觉得气不过。

压力应对方式测试

你是哪种自我监控类型呢？要想提高自我觉察能力，了解自己的压力应对方式是一个很好的方法。当对话变得困难重重时，你会怎么做？要了解你的应对方法，请完成后面的调查表，这份调查表教你认识本书哪个部分对你最有帮助，能帮助你有针对性地提高对话技巧。

指导语： 下列问题可揭示你在关键对话中常用的应对方式。在回答问题之前，请选择一位同事或亲友作为对话对象，想象一下你和对方在进行关键对话时是什么情况，然后再回答问题。

是　　否　　1. 在隐瞒真实想法时，我会使用玩笑、讽刺或含沙射影的话语暗示自己的不满。

是　　否　　2. 在提出棘手问题时，我会避重就轻，而不是说出所有的观点。

是　　否　　3. 当人们提出敏感的问题时，我总是试着改变话题。

是　　否　　4. 遇到不好谈的话题时，我会放弃真正关心的问题，转而把对话引导到比较安全的问题上。

是　　否　　5. 有时候，如果我对某个人有意见，我会避开跟他接触的机会。

是　　否　　6. 我有时候拖着不回复是因为我觉得跟他们打交道不舒服。

是　　否　　7. 为强调自己的观点正确，有时我会夸大事实。

是　　否　　8. 如果说不过别人，我会打断对方或改变话题，改成对我有利的话题。

是　　否　　9. 我怀疑，对方在觉得受到轻视或伤害时，会退出与我之间的对话。

是　　否　　10. 听到令人吃惊的观点时，我会说些让对方觉得强势或具有攻击性的话，比如"你少扯了"或"一派胡言"。

是　　否　　11. 当对话变得棘手时，我会从争论观点发展到对对方做出个人攻击。

是　　否　　12. 有时候，当我觉得受到威胁或伤害时，我会表现出恶意或报复的行为。

是　　否　　13. 有时候我发现自己多次跟同一个人讨论同一件事情。

是　　否　　14. 有时候，我并不觉得在对话中达成的协议能真正解决问题。

是　否　15. 在和别人讨论重要问题时，我会从陈述观点变成一心想战胜对方。

是　否　16. 有时候我认为保持和气更重要，所以不发表观点。

是　否　17. 讨论敏感问题的时候，我经常控制不住情绪。

是　否　18. 有时候，我在对话结束时，会重申为什么我是对的，别人是错的。

是　否　19. 对话僵持不下的时候，我经常陷入争论，不知道怎样才能让对方明白我的观点。

是　否　20. 对话失败时，我觉得很难搞清楚哪里出了问题，不知道怎样让对话重回正确的轨道。

是　否　21. 当我实在忍不住说出自己的真实想法时，我的表达方式往往会让对方产生防御心理。

是　否　22. 我经常难以决定是说真话更重要，还是维持友情更重要。

是　否　23. 如果我对一件事感受强烈，我的表达方式往往会让对方产生抗拒心理。

是　否　24. 当我对自己的观点非常自信时，我不喜欢别人反驳我。

是　否　25. 对方不愿发表观点的时候，我往往不知道怎么做才能帮他们打开自己。

是　否　26. 我对如何把我的观点表达清楚思考得比较多，对如何帮助别人把观点表达清楚考虑得比较少。

是　否　27. 如果我预料对方会在对话中提出严厉的反馈，我会为此焦虑很长时间。

是　否　28. 如果他人在对话中的言辞伤害了我，我会很长时间都觉得愤愤不平。

是　否　29. 如果有人不履行在对话中达成的协议，我会对他们有意见，觉得还需要我再一次提出这个问题。

是　否　30. 在解决难题的时候，双方往往抱有相互矛盾的期望，包括如何做出决定，甚至就哪些事情达成一致都有分歧。

压力应对方式评估

接下来请填写图 6-1 和图 6-2 中的分值表，表中每个部分都包含两个方框，分别对应前面调查表中的两个问题。如果你的回答为"是"，请在方框内打钩；如果你的回答为"否"，则无须打钩，把方框留白即可。数一数"沉默式"和"暴力式"下面各有几个钩，把数字分别填在第一行的大方框内。用同样的方法填写图 6-2 中的分值表。例如，数一数"选择话题"部分有几个钩，把数字写在这部分的大方框内。

沉默式 ☐	暴力式 ☐
掩饰 ☐ 1（是） ☐ 2（是）	**控制** ☐ 7（是） ☐ 8（是）
逃避 ☐ 3（是） ☐ 4（是）	**贴标签** ☐ 9（是） ☐ 10（是）
退缩 ☐ 5（是） ☐ 6（是）	**攻击** ☐ 11（是） ☐ 12（是）

图 6-1　压力应对方式评估分值表

第3章：选择话题 ☐ 13（是） ☐ 14（是）		第8章：陈述观点 ☐ 23（是） ☐ 24（是）	
第4章：从心开始 ☐ 15（是） ☐ 16（是）		第9章：了解动机 ☐ 25（是） ☐ 26（是）	
第5章：控制想法 ☐ 17（是） ☐ 18（是）		第10章：掌控自我 ☐ 27（是） ☐ 28（是）	
第6章：注意观察 ☐ 19（是） ☐ 20（是）		第11章：开始行动 ☐ 29（是） ☐ 30（是）	
第7章：保证安全 ☐ 21（是） ☐ 22（是）			

图 6-2　对话技巧评估分值表

评估说明

压力应对方式评估（见图 6-1）可以揭示在关键对话中，你最常采用哪种应对方式，是沉默式还是暴力式。这部分的得分可以衡量你使用这些错误应对方式的频率。在沉默式和暴力式两个大类中，很可能你的得分一样多。中等或较高的得分（每个部分有 1～2 个问题打钩）表示你有时候或经常使用这种应对方式。

对话技巧评估得分（见图 6-2）是按章节和模块设计的，它能让你了解哪些章节的内容对你最有帮助。图 6-2 有 9 个模块，代表本书 9 章核心内容对应的各种技巧。如果你的得分较高（每个部分有 2 个问题打钩），表明你对这方面的技巧很熟练，至少在你回答问题时是这样。请注意，如果你想到的是一个比较难办的情况，你的答案可能会有所不同。如果你的得分较低（每个部分选中 1 个或未选中问题），表明你需要特别留意这方面的技巧。

你的得分并不代表无法改变的性格特征或与生俱来的习性。它只是对个人行为的一种衡量，而且这种行为是你在回答问题时想到的情境下的行为，不管你的得分高低，都是可以通过努力改变的。实际上，凡是认真对待本书的读者都会努力实践每章介绍的技巧，最终为自己带来行动上的变化。他们有时也会为了工作和生活中特别具有挑战性的关系重新做一下测试，在这种努力之下，他们能够应对越来越棘手的问题，运用技巧的能力也越来越高。也正是在这种努力之下，他们的人生得以一步步向好的方向发展。

你自己做完测试后，可以再找一个熟悉你的人跟你一起做测试。看看你对自己的压力应对方式评估和别人对你的评估一样吗？如果不一样，那就注意一下差异，仔细看别人是怎样看待你的。养成良好的自我监督习惯需要一定的时间。

在远程场景中如何注意观察

由于技术的进步，现在越来越多的对话，甚至关键对话，都是在非面对面的情况下发生的。对于我们很多人来说，打电话、发信息、发邮件、开视频会议在沟通中占的比例越来越大。那么你在非面对面沟通的时候该怎样注意观察呢？

在远程沟通中观察对方有无失去安全感与在面对面沟通中进行观察其实没有多大的区别。沟通高手知道，从本质上来说，注意观察其实就是扩大自己的信息量。具体来说，就是你能观察到更多情况，对这些情况也有更深入和更准确的理解。

不过，对于大多数远程沟通来说，一个明显的挑战是我们的信息量严重受限。我们与人面对面交谈时，获得的很多信息都是来自对方的非语言行为，例如他们的身体语言、说话的语气或者他们的目光看向哪里，等等。这些非语言行为是非常重要的信号，可以帮助我们明白对方的意思。如果对话的媒介变成电话或电子邮件，那我们得到的信息量就会大大减少，如同从小河变成了细流。

办法都是一样的。媒介提供的信息量越大，你在对话中获得的信息就越多。假如你知道自己需要进行一场关键对话，那就选一个能提供最多信息量的媒介。在这种情况下，很多人自然会选面对面交流。如果情况不允许，那就退而求其次，选视频会议，实在不行就电话。最后不得已的选择是电子邮件、短信和即时通信。每降低一次要求，我们知道自己得到的信息量也会降低。这不是理想的情况，但在真实的生活中什么时候有理想的情况呢？

在真实的生活中，你管理的团队与你隔着一个大洋的距离。在真实的生活中，你年迈的父母住在遥远的老家。在真实的生活中，你青春期的孩子不接你的电话，只给你回复一条短信（啊哈！我知道，我给你打电话的时候你正盯着手机看！）我们的生活中几乎每天都有关键对话。而遇到关键对话时，我们的目标永远不变：扩展信息量，注意观察对方失去安全感的信号。

你该怎样扩展信息量呢？先通过询问，以获得更多信息。例如：

通过电子邮件。"几天前我给你发了封电子邮件，一直没收到回复。不知道你什么意见。你觉得我邮件里的提议怎么样？"

通过电话。"真希望我们现在能面对面聊。我不知道你听到我的话是什么反应。我实在不希望你误解我的意思，你能告诉我你现在在想什么吗？"

通过即时通信。"看到你在我社交媒体账号下发的评论，我不知道该怎么回应。你好像有点难过，是吗？"

在远程沟通中看到沉默或暴力的信号时，请询问更多信息。面对询问，对方可能会说出他们的感受或想法，也可能一言不发。如果是第二种情况，那说明他们没有安全感。这时候该营造安全感了，这也是下一章的主题。

汤姆的关键对话经历

我已经55岁了，有句老话说"上了年纪的人学不了新玩意儿"，我就是这么认为的。我在同一家公司工作了17年，一直从事工程和采购方面的工作。在我的职业生涯中，人际关系方面的冲突是最让我头疼的问题，我经常和别人吵得不可开交。我始终认为完成工作是最重要的事，人际关系差点儿不要紧，没有什么大不了的。

后来，我的直接上司参加了公司为高级管理层组织的关键对话培训。公司的计划是下一步对中低层管理者和主管进行培训。我不是主管，手下没有员工，但我的上司还是把我列入了培训名单。

去参加培训时，一开始我的想法是这样的："我哪有时间搞这些东西？"但开始几分钟后我惊奇地发现，自己不但来对了地方，而且的确能学到非常实用的东西。于是，我便全神贯注地学习起来。在学习"注意观察"部分时，我想起了过去发生过的种种情形，意识到自己在对话中犯下的错误。我发现在和他人互动时，我根本不关注对方的反应，从未留意他们什么时候陷入沉默或是暴力相向。我总是搞"我说了算"那一套，我会一直坚持我的意见，直到对方不说话为止，对我来说，对方不说话就意味着同意。

在培训的过程中，我反复阅读各章内容，和其他学员积极讨论。在共同学习时，学习伙伴对我坦言，虽然很多同事都认为我的业务知识很丰富，但没人愿意和我打交道，原因是不知道我什么时候会突然发脾气，把对话变成一场个人表演。

参加完培训后不久，工程部主管把我叫到了他的办公室，通知我由于很多人反馈我乱发脾气，公司决定对我进行工作察看。我必须在 3 个月内做出改变，否则就要被公司开除。那天晚上我彻夜难眠，一直在想该怎么做。我发现这次培训帮助我认清了自己的问题，为我提供了解决问题的方法。在接受培训之前，一旦和对方言语不和，我根本不知道该如何挽回局面，只会摔门而去。现在，关键对话技巧为我的人生带来了转机，我决定接受这个挑战。

培训导师告诉我，这不是什么行为方式的临时改变，而是会"影响我一生"的重大转变。我认识到我需要与一些同事和解。我知道这条路很长，很难。向别人道歉是件困难的事情，但我是真心想改变自己。

现在已经过去一年多了，我仍在这家公司工作。过去一年中在我身上发生的变化简直可以用惊喜来形容。我不但修复了与同事的关系，现在他们甚至会请教我该如何处理人际关系的问题。我还代表同事和上级进行关键对话。妻子也对我说，我在过去 30 多年中形成的坏习惯一去不复返了。以前，家里很多事情动不动就会让我发火，现在不会了，妻子说我好像变成了另外一个人。我确实变了一个人，我喜欢现在的自己。关键对话彻底改变了我，看来我这个上了年纪的人也学会了一些新玩意儿。

小结：注意观察

在关键对话过程中，人们很难准确地意识到会发生什么情况，很难了解出现这些情况的原因。当对话变得充满压力时，我们的做法往往会适得其反，下意识地表现出长期形成的不正确的压力应对方式。要想打破这种错误行为的怪圈，你应当学会注意观察：

- 对话内容和对话气氛。
- 对话在什么时候到了关键时刻。
- 安全问题。
- 对方是否进入沉默或暴力应对的状态。
- 你的错误应对方式会在什么情况下出现。

第7章

保证安全：如何让对方畅所欲言

一句话说得合宜，就如金苹果在银篮子里。

——《圣经·箴言》25：11

　　我们在上一章做出的承诺是，只要能及时发现安全危机，你就可以暂时退出对话，转而营造安全气氛，然后就能随心所欲地和对方讨论任何问题了。在本章中，我们就来实现这个承诺，教大家如何营造和恢复安全气氛。

　　首先，我们来听听奥巴和玛丽这对夫妻之间的关键对话。奥巴是一名厨师，玛丽是一家国际供应链公司的项目经理。过去的一年很艰难。因为经济不景气，玛丽的公司进行了重组。重组后玛丽团队的人少了，但责任却增多了。奥巴的情况更糟糕，他所在的餐厅停业，之后他一直没找到稳定的工作。家里少了奥巴的收入，经济一下子紧张起来，再加上玛丽的工作时间加长，在家的时间变少，两个因素叠加，给他们的关系带来了巨大的压力。

奥巴觉得玛丽总把工作放在第一位，没时间陪他，也没时间顾家。而玛丽上班很累，觉得奥巴没有承担足够的家庭责任。几个月来，两个人闷声不语，一直在用行动表达各自的不满。玛丽加班的时候，奥巴觉得受到冷落，闷闷不乐地待在家里看电视。玛丽加完班回到家，看到奥巴坐在沙发上看电视，衣服没洗，碗筷乱七八糟地堆在水槽里，她生气了，说了句冷嘲热讽的话，这让奥巴更加郁闷。玛丽走进房间，筋疲力尽地倒在床上，奥巴继续坐在沙发上，直到在沙发上睡过去。

这样的状态已经持续好几个月了，奥巴决定跟玛丽谈谈。他没有等他们累了或生气的时候谈，而是特意找了一个轻松惬意的周日上午，两人一起吃早午餐的时候谈。

> 奥巴：玛丽，我们能不能谈谈周五晚上发生的事情，就是那次你下班很晚，直接进了卧室的事儿？
>
> 玛丽：哦，你是说那个周五晚上，家里乱七八糟，你什么也不干，光坐在沙发上看电视那次？
>
> 奥巴：哎，我那是在等你回家，好跟你待会儿。
>
> 玛丽：当然，你是在等我回家，等我回家干所有的家务活。你什么时候能承担起你那份责任？
>
> 奥巴：（走出房间。）

暂停对话，营造安全感，返回对话

我们先从奥巴谈起。他决定和玛丽讨论棘手的关系问题，这是一件好事。沉默了几个月后迈出这一步很不容易，但他还是勇敢地开口了。不过他没想到玛丽用一副挖苦讽刺的语气跟他说话，让他忍不住愤而离场。现在他该怎么办呢？他该怎样做才能回到坦诚健康的对话模式中呢？如果换作是你，当安全气氛受到威胁时，怎样做才能有效地和对方沟通自己的看法呢？

这里的关键是要跳出对话的内容。是的，如果你注意到对话氛围不再安全，对方陷入沉默或暴力模式，你应当跳出对话内容（不要再讨论刚才的话题），重新建立安全感。你该怎么做呢？

首先，你必须理解人为什么感到不安全。人们生出戒备之心从来不是因为你说了什么（你表达的内容），而是你为什么这么说（你的意图）。换句话说，在对话中，一个人的安全感与对方的意图有关，与对方表达的内容无关。人们生出戒备之心有两个原因：

- 你意图不善（对方准确地感受到了这点）。
- 对方误解了你的良好意图。

如果是前者，你需要退回一步，从心开始。记住，在关键对话中我们很容易偏离我们的真正目的。问问自己，我表现出来的动机是什么？这个问题能帮助我们用他人的视角看待自己，然后问自己：我真正的目的是什么？我想为自己、为对方、为我们的关系实现什么目的？如果你已经偏离了你的真正目的，那么退回来，重新聚焦在你真正的目的上。

不过，问题往往不是我们意图不善，而是别人误解了我们的意图。记住，人类天生对威胁很警觉。当人们感到威胁时，一般会采用沉默或语言暴力的方式，也就是我们常说的战斗或逃跑模式，这两种模式都不利于解决问题。在关键对话中，你的哪些举动会破坏安全氛围？往往你什么都没做就会让对方感到不安全。在对话刚开始的几秒钟，气氛往往很紧张，对方会仔细观察你每个面部动作和表情，或者注意你两腿有没有交叉，以此来判断你的意图。你想伤害他们吗？你会攻击他们吗？这时，你的任务就是证明给对方看，事实并非如此。

好好想想最后一句话。光有良好的意图还不够，你还必须让对方知道你确实有良好的意图。想想无意识偏见吧。所谓无意识偏见，就是我们对跟自己不一样的人抱有疑虑和评判，**但我们自己意识不到**。这些偏见会让你向他人传达一些微妙的信号，比如中断眼神交流、稍稍后退、隐隐皱眉等等，这些信号会让他感到不安全。同样，他们可能对你也有无意识偏见，让他们觉得不安全。因此，我们更需要向对方明确无误地表明，我们意图良好，绝对不想伤害他们。

在奥巴和玛丽的例子中，奥巴真心想跟玛丽谈谈他们之间的关系。他爱她，他知道他们对待彼此的方式对双方都有伤害。为了他自己，也为了玛丽，他想增进他们之间的关系。所以他想谈谈，但他一开口，玛丽就变得很防御。为什么？因为她误判了奥巴的意图。奥巴一开始没有明确表明自己的意图，所以玛丽可能以为他在攻击她（已经无数次攻击了！），抱怨她整天加班，从来没空陪他。所以奥巴第一句话还没说完，玛丽就生出戒备之心，反击了回去。

在此类情况下，对话"低手"会犯与这对夫妻类似的错误。像玛丽那样，他们会完全忽略对安全感的迫切需要，毫无顾忌地说出自己的想法，根本不考虑对方如何接受这些信息。或者，他们会表现得像奥巴一样，认为对话充满风险，于是选择沉默应对。

对普通对话者来说，他们会意识到安全感出现危机，但往往会采用错误的方式解决问题。例如，他们会采用甜言蜜语的方式掩饰问题，对对方说："亲爱的，我知道你想跟我多待会儿，但那个周五我太累了。"他们总是通过转移目标或掩饰问题的方式营造所谓的安全感，这种策略只能逃避问题，永远不会真正解决问题。

对话高手绝不会玩这种花招。他们很清楚，要想解决问题就必须针对问题进行讨论，而且不能带有任何掩饰、虚伪和欺骗的成分。因此，他们的做法完全不同。他们会暂停对话，转而营造安全感，然后再回到对话中。一旦恢复了安全的对话气氛，他们就可以和对方自由讨论所有问题了。

安全感的两个条件

关于你的意图，对方需要了解两点，才能在你面前感到安全。他们需要知道：

- 你关心他们的烦恼（共同目的）。
- 你关心他们（相互尊重）。

我们把共同目的和相互尊重称为对话的条件。只有满足这两个条件，即你和对方之间有共同目的且相互尊重，你们才能建立安全感，自由地表达信息。我们现在分别看一下这两个条件。

共同目的：对话的启动因素

还记得上次有人口出不逊而你并不生气是在什么时候吗？比如，有位朋友对你说了一些会让很多人气恼的话，但你并不在意。之所以会这样，是因为你相信他的本意是好的，是关心你或你的目标。也就是说，因为你相信对方的意图是好的，所以才会耐心接受令人不快的表达。

因此，安全感的第一个条件是有**共同目的**。共同目的是指，你应当让对方感到你们在对话中是朝着同一个方向努力的，感到你关心他们的目标、利益和价值。反之亦然，对方也能让你感到他们关注你的目标、利益和价值。所以，共同目的可以说是对话的启动因素。找到了共同目的，你就有合理的理由和健康的气氛展开对话了。

例如，如果玛丽认为奥巴提出敏感话题的目的，是指责她或是按他的想法去做，这场对话肯定会无果而终。如果她认为丈夫的目的是寻找对双方都有利的解决方案，那奥巴就有机会继续对话了。

一个肯定能达成的共同目的。有时候你和对方好像不可能找到共同目的。你简直无法想象你和对方能有什么共同的目标或目的（光想想上次大选他选了谁就行了！你跟这个家伙在所有事情上都不可能找到共同点！）但是有一种方法可以让你在所有关键对话中都能找到共同目的。人类天生有被倾听的需求，我们都希望别人倾听我们，理解我们。因此，寻求相互理解就是我们可以首先追求的共同目的。如果对方看到你的真诚，相信你真的想理解他们的需求或观点，那他们就建立了基本的安全感。一旦他们觉得被深深地理解了，他们就有可能敞开心扉，倾听你的诉说。

强调"共同"性。在对话中，你可以通过创建共同目的来营造安全感。在本章后面部分，我们会针对双方目的不同的情况，列出寻找共同目的的具体步骤。有一点需要注意，我们固然有在对话中营造安全感的责任，但这并不意味着你不需要对方承认你的需求。共同目的必须具备高度的共同性。没错，你需要关心对方的目的，但对方也需要关心你的目的。你不需要把自己的目的屈居于他人的目的之下，为他们制造一种安全的假象。

假如对方不关心你的目的，你该怎么办呢？你可以把这个作为关键对话的话题。毕竟，你的目的跟对方的目的一样重要，你可以也应该守住这个界限。比如你可以说：

对我来说，我们有相互合作和富有成效的关系很重要。我注意到我们的对话出现了一种模式，我想跟你谈谈这个问题。我们经常有不同的目标或目的。我希望你知道，我关心我的目的，也同样关心你的目的。但是有时候我觉得你并没有真正关心我的目的，这让我很难跟你讨论事情。我在想我有没有误解你。

寻找共同性。我们来看看共同目的在棘手案例中是如何应用的。在这些案例中，乍一看你的目的似乎是只顾自己。比如你的上司经常不遵守承诺，你该怎样和他讨论你对他失去信任的问题呢？ 好像没有一种不让对方产生抵触心理的方法，是吗？不一定没有。

要想避免和上司起冲突，你应当寻找能足够激励上司，让他愿意倾听问题的共同目的。换句话说，如果你找他谈话的理由只是想满足自己的目的，对方肯定会认为你非常自私，而且你也的确是这样的。与此相反，如果你能试着从对方的角度考虑问题，就比较容易让他们积极参与相当敏感的对话了。例如，如果上司的做法让你的工作出现延误，导致成本上升或是生产率下降，而这些工作对他来说又非常重要，这时你们就能找到可行的共同目的了。

例如，你可以这样对他说："我有一些想法，可以改进工作表现，甚至在月度报告工作中节省几千美元的成本。这个话题有些敏感，不过如果能和你谈谈，我想一定会有很大的帮助。"

相互尊重：对话的持续因素

诚然，缺少共同目的无法启动关键对话，但相互尊重也同样重要，没有它，我们就无法维持关键对话。因此，相互尊重可以说是对话的持续因素。当人们感到对方不尊重自己时，安全感马上就会出现危机，对话戛然而止。

为什么会这样呢？如果用一个形象的比喻来说，尊重感就像空气，当它存在时，没有人会想到它。但是，当你把它拿走，人们的脑袋里面想的就只有尊重。因此，一旦人们在对话中感到不受尊重，对话马上就会偏离初衷，取而代之的是他们出于自尊的高度防御。

例如，你正在和一群监督员讨论复杂的产品质量问题。你非常想彻底解决该问题，因为它直接关系到你能否保住自己的工作。但不幸的是，你还觉得这些监督员光拿钱不干事，产品质量问题频频出现。你坚定不移地认为，这帮人不但难以管理，而且总是把事情办砸，其中有几个人的做法甚至违反了职业道德。

在听取监督员的意见时，你不由得翻起了白眼。这个细微的动作在不经意间透露出了你内心对他们的不尊重。结果可想而知，因为失去了相互尊重，这场对话只能以失败告终。监督员对你的提议大加抨击，你则把他们批评得一无是处。当双方的注意力转移到互相攻击时，最终大家都成了失败者。换句话说，虽然具有共同目的，但这场对话并没有顺利完成，原因是对话者之间缺少相互尊重。

指示信号。要想准确识别在什么情况下尊重感会出现危机，导致对话出现安全问题，你应当关注的信号是人们维护自尊的行为，其中情绪变化是一个关键线索。当人们感到不受尊重时，他们会变得非常情绪化，从恐惧变得愤怒。然后，他们会采用生闷气、骂骂咧咧、大声咆哮或言语威胁等应对方式。在判断尊重感是否出现危机时，你可以问问自己这个问题："对方觉得我尊重他们吗？"

你能尊重不愿尊重的人吗？

有些人担心在某些场合或是和某些人进行对话时，永远也没办法找到共同目的和保持相互尊重。他们想知道，怎样才能尊重一个行为举止让自己厌烦的人呢？例如，如果对方让你感到失望和难过，这种情况下你该怎么做？如果这种情况重复出现，对于如此不敏感和如此自私的人，你该怎样去尊重他们呢？

如果我们在开口之前必须和对方分享每一个目标，尊重对方性格中的每一个方面，那么对话恐怕会以失败告终。如果真的要这样，那我们唯一能对话的恐怕只有我们自己了。其实，对话还是可以正常进行的，前提是我们必须想办法尊重对方最基本的人性。实际上，对话中尊重感的丧失通常是因为我们认为对方和自己**不同**，是完全不一样的两种人。如果我们能把对方看成和自己差不多的人，这种感受便会自动消失。我们要做的不是为自己的行为找借口，而是努力理解对方，学会站在对方的角度看问题。

对此，有人利用祷告的方式帮助自己解决问题："上帝，请宽恕那些与我犯下**不同**罪行的人。"当我们认识到人人都有缺点时，就比较容易想办法尊重对方了。做到了这一点，即便是最令人讨厌的人，我们也能找到和他们之间的相似点或共同性。发现和他人之间的相似点有利于我们创建尊重感，最终帮助我们和任何人维持有效的对话。

我们来看一个例子。某制造业公司已经罢工半年了，工会最终同意开工，但员工代表必须签署一份协议，而协议上的工作规定比他们之前要求的还要苛刻。显然，尽管工人答应开工，但他们绝对不会开心。这些情况让他们感到很愤怒，又怎么会努力工作呢？

罢工虽然结束了，但斗争并没有停止。由于担心这一点，公司经理请本书的其中一位作者参与调解。和双方（公司经理和工会领导）见面之后，本书作者是这样做的，让双方分别在不同房间的白板大小的纸上写下自己希望为公司实现什么目的。在两个小时的时间里，双方各自进行了热烈讨论，写下了期望目的，然后将其粘到墙上。随后，本书作者请他们交换讨论地点，看看对方和自己有没有相同之处。

几分钟后，两组人结束讨论回到培训室，结果出现了令人吃惊的一幕。原来，双方所写的目的在很多方面都不谋而合。他们不但在一些观点上完全一致，对公司的期望也几乎相同。基本上，双方都希望看到公司盈利，能提供稳定和令人满意的工作机会，生产高质量产品，对社区发挥积极影响。正是因为提供了一个公开交流的机会，消除了互相攻击的忧虑，双方不但说明了集体目的，而且道出了每个成员的目的。

经过这个过程之后，双方都开始认真考虑该如何正确看待对方。此时，对方在他们眼中已经成了和自己高度相似的人。他们尴尬地意识到，此前对方使用的种种"伎俩"其实和自己的做法并无二致。换句话说，认为他人的"罪行"和自己不同，这种心理更多的是双方在事件中扮演的角色导致的，而不是因为对方的本性存在问题。几十年来第一次，他们恢复了相互尊重，用对话取代了彼此之间沉默和暴力的应对方式。

建立安全感和重建安全感

我们知道，我们必须既有共同目的又能相互尊重，才能在对话中取得成效。

我们前面也论述过，你应该能找到办法，与对方既有共同目的又能相互尊重，即使对方有缺点，或是跟你非常不一样，你也可以做到这点。

你具体应该怎么做呢？怎样才能实现这些目标呢？对话高手经常在对话前期用四个技巧建立安全感，在对话陷入危机的时候也用它们重建安全感。这四个技巧是：

- 展示良好的意图。
- 适时道歉。
- 对比说明，消除误解。
- 创建共同目的。

展示良好的意图

我们前面说过，如果人们不确定你的意图，他们会往最坏的方面想。奥巴和玛丽就是一个活生生的例子。奥巴的第一句话好像毫无恶意："玛丽，我们能不能谈谈周五晚上发生的事情，就是那次你下班很晚，直接进了卧室的事儿？"

他提出谈一谈，并说了事实。但是对方的反应呢？玛丽立刻进入防御状态。为什么？因为她以为奥巴说这事是为了指责她。奥巴这么说话她怎么能不防御呢？他把整个对话设定为"我们谈谈你直接进了卧室那件事"，难怪玛丽会感到不安全。

不过我们先暂停，把事情往前倒一下。如果我们问奥巴："你在这里的真正目的是什么？"他会说："我想改善跟玛丽的关系。我想坦诚地跟她谈一下我的感受，也希望她能跟我实话实说。我希望我们能心平气和地讨论棘手的事情。"

设想一下，如果奥巴这样开场该多好。

奥巴："玛丽，我们能不能谈谈那个周五晚上发生的事情。我爱你，这件事影响到了我们的关系，我想跟你谈谈，因为对我来说，我们的关系是世界上最重要的东西。我知道你希望在有些事情上我能改变一下，我想跟你确认一下这些事情，另外也说说我心里怎么想的。我们能谈谈吗？"

如果你在对话之初展示了良好的意图，你就为安全感打好了基础。这并不是说对方在随后的对话中不会陷入防御状态，而是它给你提供了一块试金石，当对话者失去安全感的时候，你可以一次又一次地用良好的意图来重建安全感。

适时道歉

如果你的错误伤害了他人，那就开口道歉。道歉表明你在为给他人造成了痛苦或麻烦（或是没有尽到阻止的责任）而真诚地表达歉疚。

例如，公司副总要来你们工厂视察。届时质量部的人会向副总介绍他们在生产流程方面取得的新突破。质量部的人很兴奋，连夜加班为副总的视察做准备。没想到，在去质量部之前，公司副总给你来了一个措手不及：他提出了一项方案，而你认为这个方案不但会影响产品质量，而且可能让公司失去最大的客户。由于只有一个小时陪副总，你决定先解决问题而不是陪他到质量部视察，因为这次谈话决定着工厂未来的发展。幸运的是，你成功说服副总调整了先前制订的方案；不幸的是，你忘记通知已经忙了一个晚上的质量部员工了。

送走领导后，你在回办公室的路上碰到了质量部的下属。带着一脸疲倦和失望，他们对你的做法感到非常愤怒。没有视察，也不通知，现在你竟然连一句解释都没有就想溜之大吉，他们怎么会不感到气愤？

天啊！

于是，你们的对话开始失控了："我们干了整整一个晚上，你居然连个照面都不打，也不发个短信说明情况，这算怎么回事？"

时间静止了，对话到了关键时刻。这些辛苦付出的员工显然非常气恼。他们感到自己没有受到尊重，尽管你不是故意这样做的。

可是，安全的对话气氛并没有恢复。为什么呢？因为他们的攻击让你也感到不受尊重。于是，你们都在对话内容上纠缠不休，认为整个事件和工厂视察有关系："我必须在公司未来和工厂视察之间做出选择，我选择了公司未来。如果让我重新选择，我还是会这样做！"

这下子，你和员工陷入了口水战，指责对方不尊重自己的感受。这种争吵显然于事无补，可是除此之外你又能怎么做呢？

在这种情况下，你要做的不是和对方争个高下，而是坦然接受对方的攻击行为，将其视为安全感出现危机的信号。然后，你应当暂停争执，营造安全氛围，最后重新回到对话中。这时，你应该为自己没有尊重对方而真诚地道歉："没有通知你们取消视察活动，对此我非常抱歉。你们连夜努力，本来是有机会展示工作成果的，对于这件事我甚至没有做出解释，为此我要向你们道歉。"

当然，如果内心没有真正意识到这一点，口头上的道歉就不是真诚地道歉。要想做到真诚地道歉，你必须改变自己的动机，放弃面子、争强好胜以及"只有我是正确的"之类的错误想法，学会关注自己的真正目的。换句话说，你应当放下一点自尊心，承认自己的错误。这样才能换来回报。当你放弃一些立场时，往往会得到更有价值的回报——健康的对话和理想的结果。

对比说明，消除误解

有时候，即使你没有做任何不尊重对方的举动，他们还是会在对话中感到不受尊重。诚然，尊重感出现危机，有时是因为你的做法明显伤害了对方，但还有些时候，令对方产生这种感受完全是无心之过。

对共同目的来说也会出现这种情况。虽然你的话绝无恶意，但对方仍会觉得你的目的是要伤害他们，或是强迫他们接受你的观点。在这种情况下，道歉显然是不合适的。既然你本来就没有恶意，道歉岂不是显得此地无银三百两，证明你自己虚伪吗？那么，你又该怎样重建共同目的和相互尊重，以便把对方拉回到对话中呢？

当对方误解你的目的或意图时，你应当暂停争执，然后利用对比法重建安全感。

对比法是一种是非型陈述，可以帮助我们消除对方的误解。它包括以下两部分：

- 在否定（don't）部分，你需要解释你没有哪些意图，从而消除对方认为你不尊重他们或抱有不良企图的误解。
- 在肯定（do）部分，你需要清楚地说明你的真正意图是什么，从而让对方相信你尊重他们，明白你的真正目的。

例如，在奥巴和玛丽的对话中：

玛丽（为自己辩护）：你为什么老是找我麻烦？我工作那么辛苦，承担了那么多责任，而你却在看电视！

奥巴（用对比法来重申自己的目的）：我不是想批评你或是找你的麻烦。我找你谈谈不是为了这个，我也知道你负担很重。我希望我们能坦诚地谈谈我们面临的问题，这样我们就能解决问题，增进我们之间的感情。

再看一下副总离开后你和质量部员工之间的对话：

质量部员工（为自己辩护）：你根本就不重视我们，也完全忽视我们为工厂所做的工作和贡献！

你（使用对比法来恢复相互尊重的氛围）：我不希望你们认为我不重视你们的付出，不想向公司副总汇报你们的工作。正相反，我认为你们的表现非常突出，我一定会让副总知道这一点。

在对比法的两段式陈述中，否定部分相对更为重要，因为它解决的是危及安全感的误解问题。对辛苦工作的员工来说，他们误以为你根本不关心他们的付出，懒得向他们通报情况，可实际上并不是这样。当对方误解你的目的时，千万不要在这个问题上和他们争论。正确的做法应当是利用对比法消除误解，说明你没有那个意思，恢复对方的安全感，然后继续展开对话。记住，安全感永远是第一位的。

做完这一步，对话重新回到安全的氛围后，你可以说明你的真正目的是什么。还是那句话，营造安全氛围永远是第一位的。

对比法可提供背景和平衡。在棘手的对话过程中，有时候对方会觉得你的话说得非常严重。例如，你正在和助手谈论对方不守时的问题，了解你的顾虑后，这位助手显得很紧张。

这时，你会忍不住想缓和一下，告诉对方："其实这件事也没有那么严重。"注意！不要这样做，不要收回你已经说过的话，也不要道歉。正确的做法应当是在一定的背景下发表评论。例如，此时这位助手可能认为你对他的表现非常不满，认为你对这件事情的看法体现了对他的全部尊重感。如果这种看法是错误的，你应当利用对比法明确哪些不是你的想法，哪些是你的想法。注意，首先澄清哪些不是你的想法。

不是你的想法："准确地说，我不想让你认为我对你的工作表现不满意。我希望能继续跟你合作，我认为你的表现不错。"

你的想法："不过守时问题对我来说很重要，我希望你能在这方面做出一些改进。如果你能在这个方面稍加关注，其他方面就没有问题了。"

对比法用于预防。到目前为止，我们已经举例说明了如何用对比法来挽救对话危机。当对方做出错误理解时，我们可以利用这种方法说明自己的真实目的或意图。除此之外，我们还可以用对比法来有效地预防与安全感有关的问题。在这方面，它很像在对话开始的时候展示你的良好意图。我们来看两个例子：

"我想谈谈我们的财务管理情况。希望你不要认为我对你在财务工作中的表现不满意。我很欣赏你的表现，没有你的帮助我肯定无法完成任务。不过，对于如何使用电子银行系统这个问题，我觉得应该和你讨论一下。"

"最近有件事在困扰着我，我想跟你谈谈。说实话，我一点都不知道怎么谈。我担心谈这件事会破坏我们之间的关系，这是我最不希望看到的，我的目的恰恰跟这相反，我谈这个是为了增进我们的关系。"

当你和对方打过交道，并且大概能猜到对方会如何误解你的意思时，用对比法来预防安全感问题就会很有效。

创建共同目的

有时候，我们和对方陷入争论是因为双方的目的不同，并不是因为误会。此时对比法解决不了问题，我们必须另辟蹊径。

例如，你刚刚得到职位升迁，这次升迁可以极大地推动你的职业发展，为你带来更多权力，而且薪水回报也不错。但是，你必须面对一个问题，即全家要搬到国外生活，可你的妻子和孩子非常喜欢你们现在住的地方。

你觉得这件事肯定会让妻子感到左右为难，没想到她居然一点儿也不纠结。对她来说，你的职位升迁是个坏消息。首先，你们必须要搬家；其次，你的工作时间更长了。虽然收入增加了，权力变大了，但这些都不足以补偿团聚时间减少的损失。这时你该怎么办呢？

在这种情况下，对话"低手"不是忽略问题，就是一意孤行。他们的选择不是竞争，就是屈服。这两种策略最后都会导致一方胜出，另一方失败，问题根本无法得到解决。

普通对话者会马上做出妥协。例如，这对夫妇会做出两地分居的决定，丈夫在工作地生活，妻子和孩子仍留在家乡。不过这种安排显然不尽如人意，甚至可以说是很糟糕的解决方案。因为这样会为整个家庭带来很多严重的问题，甚至有可能导致离婚。虽然做出妥协有时候是必要的，但对话高手知道还有更好的解决方案。

对话高手会使用下面介绍的四种方式创建共同目的，即共同目的四步创建法。

1. 积极寻找共同目的

和大部分对话技巧一样，你想重新回到对话中时，必须首先做到从心开始审视自我。在这里，你必须同意和对方取得一致。要想成功完成对话，我们必须停止利用沉默或暴力的方式迫使对方接受我们的观点，甚至必须放弃错误的对话，即假装和对方具有共同目的（冷静地说明自己的看法，直到对方愿意接受）的对话。在审视自我时，我们必须努力维持对话机制，直到找到可满足双方共同目的的解决方案。

要做到这一点并不容易。要想停止争论，我们必须摒弃下列想法：我们的选择绝对是最好的和唯一正确的，如果达不到这个目的我们永远都不会开心。我们必须开放思想，接受这样一个事实，即或许还有第三种选择——一种能让对话双方都满意的选择。

即使在对方想要努力赢得上风的情况下，我们也必须明确说明这一承诺。我们坚信对方表现出沉默或暴力，是因为他们在对话过程中感到气氛不够安全。我们假定只要营造出更多安全感（通过承诺寻找共同目的的方式），对方一定会充满信心，对话一定会富有成效。

因此，下次你陷入思想斗争时，不妨也试试这个简单有效的技巧：暂停讨论充满争议的话题，营造更多安全感。你只要这样说即可："看起来我们都在向对方强加自己的观点，我保证会继续和你讨论，直到找到咱们都满意的方案。"然后，观察对方的安全感是否有所改善。

2. 识别策略背后的目的

想要积极寻找共同目的只是令人激动的第一步，光有这个念头还不够。心态调整好之后，我们还需要改变应对策略。我们要解决的问题是：我们发现对话陷入僵局的原因在于，我们期望实现的是某个目标，而对方希望实现的是另一个目标。我们认为这种矛盾永远无法调和，因为我们总是把期望目标和实际目的等同起来。实际上，期望目标是一种策略，策略带来的结果才是实际目的。换句话说，我们总是把愿望或目的和策略混为一谈，这就是问题所在。

例如，下班回家后我说我想去看电影，你说你想待在家里休息，于是我们便开始争论起来，"看电影""看电视""看电影""看书"……我们认为这个问题无法得到解决，是因为外出和待在家里是水火不容的对立选择。

在这种情况下，我们可以这样打破僵局，试着问对方："你为什么想这样做？"在本案例中，对话可能是这样的：

"你为什么想待在家里？"

"因为我不想到处跑，受不了到处是喧闹的人群。"

"就是说你想保持安静，是吗？"

"是的。你为什么想去看电影呢？"

"这样可以暂时放下孩子，和你享受一下二人世界的乐趣。"

在达成共同目的之前，你必须首先了解对方的真正目的是什么。因此，你应当暂停先前的对话内容（因为它关注的是策略），转而探索策略背后隐藏的目的。

当你成功区分策略和目的之后，新的选择自然就会出现。放松对行动策略的关注，强调你的真正目的，这样可以帮助你拓展思维空间，找到对双方都有利的选择方案。

"好吧，你想享受宁静时光，我想和你躲开孩子们的纠缠。只要找到既能躲开孩子们又能让你享受安静时光的选择，我们就皆大欢喜了，是这样吗？"

"那当然，你觉得咱们开车去峡谷看风景怎么样……"

3. 开发共同目的

有时候，当你发现隐藏在对方行为策略之后的目的时，会意识到原来你们的目的存在相同之处。这时，你只需提出共同策略即可。不过，这种情况并不常见。例如，你发现自己的目的和对方南辕北辙，根本没有一点儿相似性可言，在这种情况下你完全找不到共同目的。这时，你必须积极开发一个共同目的。

要开发共同目的，你应当拓展自己的视野，关注更广泛的目的。你应当寻找的是对双方更有意义或回报更大的目标，而不是那些会让你们产生争执的目标。例如，你和妻子在是否接受升迁的问题上虽然无法取得一致意见，不过你们可以达成一致的是夫妻关系和孩子的需要优先于对职业发展的考虑。通过关注更高层次和更为长期的目标，你可以找到超越短期妥协的新选择。接下来你要做的就是创建共同目的，然后重新回到对话中。

4. 共同构思新策略

通过寻找共同目的营造安全感之后，现在你可以在更安全的气氛中继续和对方讨论对话内容了。你应当和对方一起开动脑筋，寻找可以满足双方需求的新策略。如果你们能一起努力寻找这种新策略，说出彼此内心的真正目的，就不会浪费精力和对方进行毫无意义的争吵了，而是会积极提出对双方都有利的解决方案。

因此，不要急着做出判断，你应当跳出原来的思维圈子寻找新的可能性。例如，有没有办法让你既不用搬家又能实现事业发展目标呢？在这家公司的这份工作是不是唯一令你开心的选择呢？新工作是否一定要迁居国外呢？搬迁到另一个地方是否同样能让家人满意呢？如果你不愿开动脑筋尝试更多可能性，那肯定无法提出令对话双方都满意的解决方案。但是，如果你愿意朝这个方向努力，必将获得无限的可能。

创建共同目的

总而言之，当感到对方的目的和你的不一致时，你应当这样做：暂停充满争议的对话，关注对方的真正目的是什么，然后努力创建共同目的。

- 积极寻找共同目的——做出单边承诺，表示你愿意继续进行对话，直到找出让双方都满意的解决方案。

  "这样行不通。你的团队主张留在这里工作到完成任务，我的团队想先回家，周末再来加班。我们干吗不想想有没有两全其美的方案？"

- 识别策略背后的目的——询问对方为什么想要实现所说的目的，分清他们的要求和要求背后的真正目的。

  "你们为什么不想周六早上来？我们累个半死，还要担心安全和质量问题。你们为什么想现在加班？"

- 开发共同目的——如果明确双方的目的之后仍无法取得一致，那就想办法开发级别更高、更为长远，能够避免双方争执的新目标。

  "我不想跟你争个高下，最好能找到让两个团队都感到满意的解决方案。我们以前靠投票或掷硬币做决定，结果失败的一方总是埋怨甚至憎恨获胜的一方。我更关注的是两个团队对彼此的看法。因此，以后不管做什么，我们都必须保证不会伤害整个团队的合作关系。"

- 共同构思新策略——明确共同目的之后，你应当和对方一起寻找对
  双方都有利的解决方案。

　　"我们要找到一种方案，这种方案既不会带来安全和质量问题，
又能让你的团队成员在周六下午去参加同事的婚礼。我的团队成员
周六上午有一场比赛，你看这样行吗：周六上午和下午前半段你们
工作，比赛完之后我们就过来工作？这样我们就能……"

写两遍

　　到目前为止，我们已经举例说明在面对面交流中（线下面对面或
线上面对面，甚至包括电话交流）如何创建安全感和恢复安全感。但
是在书面交流中，比如电子邮件或短信中，该如何处理安全感的问
题呢？

　　事实证明，在书面交流中创建安全感的方法和在面对面交流中的方法
是一样的。没错，如果你给另一个人写邮件，想为对方创建安全感，那最
重要的事情是记住你在给一个人写邮件。在邮件中要表达你良好的意图，
为对方创建安全感，因为这是让人类感到安全的方式。真是颠覆性的发
现，是吧？

　　安全感的根本条件不会因为媒介的不同而发生变化。不管我们是面对
面沟通还是通过电子邮件沟通，如果我知道你关心我（相互尊重），并且关
心我关心的事情（共同目的），我对你就有安全感。如果说电子邮件和其他
形式的书面沟通与面对面沟通有何基本区别，那就是在书面沟通中，用语
言表达你的良好意图更为重要。

　　在面对面沟通中，我们用语言（道歉、对比说明等）和非语言行为

（语调、肢体语言、眼神接触等）来表达我们的意图。在没有视觉线索的情况下，使用语言来表达我们的意图就变得更加重要。

问题是，我们经常忘了自己是在跟需要安全感的人类交流。而在进行书面沟通的时候，最重要的就是不要忘记这一点。做到这点不容易，毕竟我们只是面对着电脑，在键盘上不停地打字。

所以，在书写关键信息给他人时，确保你表达了良好意图的诀窍是：写两遍。第一步，把你想写的内容表达出来。写完后，思考一下你的意图会给对方留下什么样的印象。慢慢读一遍你写的内容，想象对方会如何反应。对方读到每一句会有什么感受？第二步，带着为对方创建安全感的想法再写一遍。注意对方容易误解你意图的地方，或是会怀疑你不尊重他们的地方。明确表达你希望对方接收到什么意图和信息，不希望对方接收到什么意图和信息。在不那么正式、比较私人的关系中，你甚至可以描述一下自己打字时的面部表情，以便把自己的意图表达得更加清楚。例如："要是你现在能看到我的脸，你会看到我忧心忡忡的脑门上的皱纹，因为我不想让你觉得我说话太严厉，或是在批评你。"

进行关键对话的时候，我们一般把异步的书面沟通方式当作退而求其次的选择。在大多数情况下，确实是这样。不过，如果你使用得当，异步沟通也有一个优势。在电子邮件等异步沟通方式中，你有机会修改你的表达。不像在面对面沟通中，你说了一句话又接着后悔："我要是那么说就好了。"在书面沟通中，你可以把你想表达的写下来，在发出去之前重新看一遍。我们必须记住这个未雨绸缪的原则，事先在安全感上做足工作。

▶ **怎样进行远程关键对话？**

远程对话，不管是通过视频会议、短信还是电话，都让关键对话的推进方式有所不同。本书作者之一埃米莉·格雷戈里为我们分享了如何成功地展开远程对话。

请扫描二维码，观看视频"怎样进行远程关键对话？"。

继续前面的案例

在结束本章之前，让我们再次回到一开始的案例。奥巴准备继续和玛丽展开对话，我们来看看他该怎样做才能在关键对话中营造安全气氛。之前他们想讨论这个话题但失败了，所以奥巴知道玛丽会怎样误解他的意图。这次他吸取了教训，先用对比法说出他良好的意图。

> 奥巴：玛丽，我想跟你谈谈，你工作时间很长，对我们的关系造成了影响。我说这个不是为了批评你，也不是说问题是你造成的。我知道你在公司压力很大，也很感激你为我们这个家做出的牺牲。我只是想谈谈在目前这个情况下，我们能做些什么让我们两人关系更好。
>
> 玛丽：有什么好谈的？我工作，你不工作，我在努力接受这个事实。
>
> 奥巴：我觉得事情比这个复杂。还有，你这么说话，让我怀疑你是不是还尊重我。
>
> 玛丽：如果你是这么想的，为什么我们要假装我们之间有感情呢？

好吧，这是怎么啦？记住，我们是从奥巴的角度分析对话的，因为是他发起的对话。玛丽当然有很多做得不好的地方。但是从奥巴的角度看，他该怎么做才能让对话更加顺利呢？他应该紧紧抓住他的真正目的：找到一个对双方都有利的问题解决方案。因此，虽然玛丽说话令人沮丧，但他不应该顺着玛丽的话说下去，而是应该留意内容背后的安全感问题，即为什么玛丽想退出对话？这里有两个原因：

- 奥巴说话的方式让玛丽觉得他把所有的过错都归咎到她那里。
- 奥巴在一个很小的方面对她有点意见，但她以为奥巴对她整个人有意见。

认识到这一点，奥巴开始道歉，然后利用对比法重建对话安全感。

奥巴：对不起，我说话的方式不对。我没说我的感受或行为是你造成的，那是我的问题，不是你的问题。但这件事是我们两个人的问题，我们两人都在让问题向更坏的方向发展，至少我是这样的。

玛丽：我也是这样。有时候我不高兴是因为我实在是太累了，当然也有一个原因是为了气你。对不起。

注意一下他们刚才的对话。奥巴很好地处理了玛丽的安全感问题，把对话聚焦在他的真正目的上，这样一来，玛丽便重新加入了对话。这种做法比一味批评指责玛丽有效多了。

我们继续看。

玛丽：我只是不知道还能有什么办法。我的工作就这样了，你不上班，我也没底气跟老板商量减少工作时间。还有，我回家后看到一屋子家务活都没干，真是特别沮丧。我知道你想多跟我待会，但是我太累了，需要一个人好好休息。

现在的问题是他们两人没有共同目的。玛丽认为她和奥巴的目的不同，不可能找到什么两人都满意的解决方案，毕竟她一天只有 24 小时。这时，奥巴没有妥协让步，也没有固执己见，而是暂停对话，利用四步法创建共同目的。

奥巴：（积极寻找共同目的）我知道你时间很少，我也不想让你做勉为其难的事情。我想有没有什么方法，让我们两人都觉得很亲密，被重视，被爱。

玛丽：我也想这样。我就是觉得时间不够。

奥巴：（识别策略背后的目的）可能是，但也可能不是。我怎样做会让你觉得被爱和被重视？

玛丽：这个嘛，很难说出口，因为我不想伤害你，这个事情有点敏感……我知道你失业后感觉不好，我明白这点。不过，因为你现在没上班，如果你多分担一点家务，比如洗碗、洗衣服什么的，真的会让我感觉好很多。我们都上班的时候是我们俩平分家务，但现在情况变了。

奥巴：好，这很公平。我很高兴你说出来。我最近深深地陷入自我怀疑，这让我在很多时候缺少做事情的动力。这也是我特别想跟你待在一起的原因之一，这个感觉比以前都强烈，就是想跟你一起聊聊天，笑一笑，开开心心地待在一起。

玛丽：我明白。但是我那么累的时候很难开心。然后我感觉到你给我的压力，我又因为这个恨你。

> 奥巴：好的，知道了。我能感觉到你的不满，这让我自我感觉更不好，因为我知道我让你失望了。
>
> 玛丽：（开发共同目的）所以我们需要找到一个方法，减轻我的一些负担，这样我们才能开开心心地待在一起。我也特别希望我们能开开心心地待在一起。
>
> 奥巴：我知道。我想我们俩谁都不想像以前那样不高兴。
>
> 玛丽：（共同构思新策略）好吧，你看这样行不行……

至此，奥巴和玛丽还未解决问题。现实世界中有很多制约因素，所以解决问题并没有那么容易。但是，与本章开头相比，他们解决问题、增进关系的可能性更大了。建立安全感不能解决我们所有的问题，它只是为对话和解决问题创造了一个机会。

杰瑞医生的关键对话经历

周一，一位女士住院接受血管旁路移植术，以修复膝盖下方供血不足的血管。这位患者家在密西西比州，开了两个小时车专程到孟菲斯市来看病。手术当天就做完了，整个过程很顺利，结果也非常理想。第二天，患者发现足部疼痛感消失，她和她的丈夫都很高兴。

病案专理员（Case Manager）和主治医师商量了一下，认为如果患者状况稳定的话，周四下午就可以出院。随着患者状况逐渐好转，病案专理员决定安排她周四出院。

周四早上，病案专理员通知患者丈夫开车来接患者。通知完之后，她发现自己忽略了外科医生的术后记录，上面是这样写的：患者状况稳定，足部温暖，脉搏平稳，精神良好，计划周五上午出院。

看到记录之后，病案专理员试图联系外科医生，直到下午才联系上他。这位医生急着离开，他听完情况之后，语气生冷地说："出院之前我要查看患者的病情，但明天我才能回来，病人今天不能出院，就这样。"

下午 3 点左右，病案专理员向我求助。我马上打电话给那位外科医生，先是称赞了手术的成功，然后提出希望能帮着解决某患者出院的问题。我向对方解释，患者的家属开了两个小时的车过来，现在病人已经准备好出院了。

我建议外科医生在电话里下医嘱，与此同时由我来办理出院手续。但对方坚持道："不行，我必须亲眼看到患者，而且要到明天才能回医院。"后来，他的语气开始有些咄咄逼人了："是不是保险公司让你这么做的？否则你干吗这么催我？"

我马上暂停刚才的话题，利用对比法说明自己的观点："当然不是，我根本不知道付医疗费的人是谁。这件事和保险公司没有关系，我只是想满足患者和家属的需要。他们非常感谢你，认为你的医术很高超。既然医院通知可以回家，我想如果现在不许她出院肯定会让患者的就医体验大打折扣。"

对方犹豫了一会儿说道："好吧，我今天赶回医院复查，但最快也要到晚上 7 点才行。"

达成一致后，我答应向患者转告外科医生是专程赶回医院下医嘱的。那天晚上，这位医生检查完患者之后马上给对方办理了出院手续，避免了一场可能让患者感到不快的经历。

在医疗行业中，关键对话几乎无处不在，它们每时每刻都在我们身边发生着。这次对话之所以能成功，是因为我遵循了两条重要的对话原则：相互尊重和创建共同目的。

小结：保证安全

暂停对话

当对方出现沉默或暴力应对的情况时，你应当暂停对话，营造安全气氛。安全感一旦恢复，你就可以继续进行对话了。

判断哪种安全因素出现危机

- 共同目的。对方是否觉得你在对话过程中关注他们的目的？是否相信你的对话动机？

- 相互尊重。在对话过程中，对方是否感到你尊重他们？

展示良好的意图

要想对话有一个良好的开端，那就先展示你良好的意图。你的真正目的是什么？你想为对方实现什么目的？

适时道歉

当你的做法破坏尊重感时，你应当向对方道歉。

对比说明，消除误解

当对方误解你的目的或意图时，你应当利用对比法消除误会。先说明你不希望如何，然后说明你想要怎样。

创建共同目的

当你的目的和对方的不一致时，你应当利用四步法创建共同目的。

- 积极寻找共同目的。
- 识别策略背后的目的。
- 开发共同目的。
- 共同构思新策略。

第 8 章

陈述观点：如何循循善诱
而非独断专行

在有人称其直言不讳时反问："还有人比我更

直言不讳吗？"

——多罗西·帕克

　　到现在为止，我们已经为掌握关键对话做了大量的准备工作。我们学过的内容有：明白自己真正的目的是什么，对话时聚焦于正确的话题，不要虚构让自己的行为看起来合理的想法。此外，我们还需要密切观察对方的表现，特别是对方有没有失去安全感，以便在必要的时候及时恢复安全氛围。

　　可以说，我们已经准备好了，可以开口表达自己的看法了，接下来该怎么做呢？

　　在大多数情况下，我们会用最常见的方式和他人展开对话。比如说："嗨，你的孩子最近怎么样？工作还顺利吗？"

瞧！还有什么比这更简单的吗？我们只要把词组成适合对话场景的句子就行了。当然，这只是"大多数情况"。

当对话结果充满风险，对话双方情绪强烈时，情况就大不一样了，我们发现往往自己一开口就会出错。实际上，如前所述，对话内容越是关键和重要，我们做出正确表现的可能性反而越小，而且表达观点的方式也特别容易激起对方的防御心理，这可真是够可悲的。

为了改变这种情况，提高自己的表达能力，我们将会探讨五种技巧，以此来帮助我们解决对话中的两大主要问题：防御和抗拒。首先，我们来看看如何利用五种技巧让对方认真倾听我们的看法。其次，我们要用这些技巧应对另外一种情形，即你认为自己绝对正确，而这种想法极大地阻碍了对话时，我们该怎样正确表达自己的看法。

分享争议性观点

当我们想要表达的内容非常敏感、令人不快或是充满争议时，向对方传达观点就会变得困难重重。例如："很抱歉，玛尔塔，大家就是不喜欢跟你合作。我们已经把你调离特别项目组了。"

说明公司项目进展不顺是一回事，但对某人说他招人讨厌就完全是另外一回事了。当对话内容从针对事变成针对人时，问题总是会变得非常棘手。毋庸置疑的是，在谈论此类问题时，有些人的表现就是比其他人要好。

在和他人讨论敏感问题时，对话"低手"的表现通常有两种：一是直言不讳，自顾自说；二是完全沉默。前者的表现通常是，"我知道你不喜欢听，但总有人要说真话……"（典型的"傻瓜式选择"）；后者则一句话也不说。

对普通对话者来说，他们会说出内心的一些想法，但考虑到自己的观点可能会伤害他人，他们往往做不到直言不讳。换句话说，他们的确是在交流观点，但问题是经常会掩饰情况的严重性。例如，他们不会坦诚地说他们认为你的营销方案有损公司的形象，而是说："呃，这个嘛，图案设计得非常好，但文字可以再稍稍润色一下。"

对话高手不会这样做，他们不但会完全说出内心的想法，而且会维持对话安全感，让对方认真倾听自己的看法并做出积极回应。他们既能做到坦诚直率，又能做到尊重对方。如果他们觉得营销方案不好，他们会明确地让你知道他们认为营销方案不好，但他们在表达的时候会百分之百地尊重你。

他们是怎样做到的呢？方法就是在不牺牲坦诚的前提下维持安全氛围。

维持安全感

在坦诚相对可能冒犯对方时，为了说出内心真实的想法，我们必须想办法维持安全感。这种情况就好像我们让一个人把另一个人痛打一顿，但又不要伤害被打方一样，我们怎样才能既直言不讳又不会伤害对方的自尊呢？其实，只要你准确地掌握自信、谦逊和技巧这三个方面的火候，这个问题便可迎刃而解。

自信。很多人都无法应对内容敏感的对话，至少无法和正确的人展开此类关键对话。例如，你的同事布莱恩晚上回到家，和妻子谈起上司费南多对其肆意刁难的情形。中午在公司吃饭的时候，他和同事也说了同样的事情。现在，每个人都知道这件事了，当然只有一个人例外，即布莱恩的上司费南多。

对话高手肯定不会这样，他们拥有足够的自信，可以和任何需要讨论问题的人谈论任何需要解决的问题。他们很自信能让对方倾听自己的观点，也很自信能以坦诚的方式沟通，不会让对方受到伤害或冒犯。

谦逊。自信并不等于狂傲或自大。对话高手既对自己要表达的观点感到自信，同时又会意识到对方的看法也是有价值的。他们知道，自己并不是真相的垄断者。他们对他人的观点和信息很感兴趣。他们的观点只是展开对话的一个起点，而不是无法更改的判决。尽管他们对自己的看法很自信，但并不排斥这样的观点，即了解新的信息后，他们可能会改变初衷。这就意味着，他们不但会积极陈述自己的看法，同时也会鼓励对方这样做。

技巧。最后，愿意和对方分享敏感信息的人会在这方面做得很好，这也正是他们充满自信的原因。他们不会做"傻瓜式选择"，因为他们找到了一种兼顾坦诚相对和保证安全的对话方式。他们能够说出常人不敢直言的敏感问题，而且对方还会为这种坦诚心存感激。

技巧来自重复练习。阅读本书和学习对话的技巧是重要的第一步，但仅靠阅读并不能提高你的对话水平。如果你想提高自己的关键对话水平，你必须开始练习关键对话了。

丢钱事件

为了解如何讨论敏感问题，我们来看一个非常典型的例子。

在超市收银台前，安妮塔打开钱包，想拿出她准备付账的两张20美元，但是钱包里空空如也。她翻遍了整个钱包，还是没找到那两张20美元。她马上转向身边 16 岁的女儿，大声问："安伯！钱呢？"

这个转变太快了。也就在半秒钟之内，安妮塔的想法从"我记得钱包里有 40 美元"跳到了"她竟敢翻我的钱包拿钱！"。

安妮塔处理问题的最低级的方式会是什么呢？（当然，在女儿 25 岁之前不准她出卧室门，只给面包和水的惩罚办法不在考虑之列。）**讨论**这个问题的最差方式会是怎样的？大多数人认为最差的方式是无端指责，然后口出威胁。毫无疑问，遇到这种情况很多人都会这么做，安妮塔也不例外。

"真不敢相信你竟会偷钱！你想在屋里禁足 10 年吗？"她气愤地说。

"妈，你在说什么呢？"安伯一头雾水，虽然不知道妈妈在说什么，但能感觉到肯定不是什么好事。

"你知道我说的是什么！"安妮塔大声说。

听到这话，安伯看了看周围，发现所有人都在盯着她们看。她嘘声说道："妈，我不知道你在说什么，但你得冷静一下。大家都在看我们。"

"你从我钱包里拿了 40 美元，还装出一副无辜的样子！"安妮塔根本不管周围的人看不看她们。

有经验的人都知道，养育十几岁的青少年有多难，讨论他们的错误行为更是难上加难。如果安妮塔有理由相信安伯拿了她的钱，她是绝对需要处理这件事情的。但是在公众场合激烈地指责女儿可不是什么解决问题的好方法。她应该如何以对话的方式讨论这件让她担忧的事情呢？

综合陈述法

如果安妮塔的目的是要通过健康对话的方式讨论棘手问题（例如："我觉得你偷了我的钱"），她成功的唯一希望是维持对话的进行，至少在她证实或打消自己的猜测之前是这样的。同样，和任何人讨论任何关键对话时我们都必须这样做（例如："我觉得你管得太细了""你开会的时候让我替你背黑锅"）。维持对话意味着，不管你多么怀疑对方，在对话中都不能破坏对他们的尊重。同样，你也不能用威胁和指责的方式破坏对方的安全感。

那么你该怎么做呢？答案是从审视自我开始，想想你的真正目的是什么以及如何通过对话实现这些目的。然后，你应当控制你的想法，意识到自己有可能做出仓促而错误的判断，产生受害者、大反派或是无助者的想法。要想获得正确的想法，最好的办法是不要仓促做出判断并付诸行动，因为这样做只会导致自我毁灭的沉默或于事无补的暴力。与此相反，你应当思考足够长的时间，分析各种可能的解释，以便平复激动的情绪，重新展开有效对话。退一步说，即使最后事实证明你一开始的看法是正确的，你也有的是时间慢慢解决问题。

说服自己为对话创造合适的条件之后，你就可以利用下面五种技巧和对方讨论各种敏感问题了。我们把这五种技巧统称为"综合陈述法"。

- 分享事实经过。
- 说出你的想法。
- 征询对方观点。
- 做出试探表述。
- 鼓励做出尝试。

在这五种技巧中，前三种是"内容"方面的技巧，后两种是"方式"方面的技巧。

"内容"方面的技巧

　　要想冷静地和对方分享观点，最好的办法是沿着我们在第 5 章中学过的行为方式模型从头到尾按步骤进行，如图 8-1 所示。我们允许自己沿着这个模型从左向右一步步来，但是我们在试图说服他人时，却不允许他们这么做，希望对方跨过第一步，直接接受我们的感受和想法，这是不是有点奇怪呢？在肾上腺素的刺激下，我们缺少耐心，也缺少智慧，完全无法进行理性的思考。这个时候我们完全被自己的情绪和想法支配，希望对方也从这一步开始，听我们讲自己的主观臆断。而从主观臆断开始对话，可以说是最容易引起争议、最没有说服力，也最无礼的对话方式了。

图 8-1　行为方式模型

分享事实经过

　　我们先从左边开始。第一步是审视你的行为原因，追根溯源，找到事实，也就是你直接看到、听到或经历过的具体证据。安妮塔发现钱包里的40 美元不见了，这是事实。然后她有了一个想法——是安伯把钱偷走了。随后她觉得安伯辜负了她的信任，非常生气。最后她开始攻击安伯："你这个小偷！我那么信任你！"整个过程发生得非常快，每一步的反应都可以预见，而结局也让人非常不愉快。

　　如果安妮塔换个角度，也就是从事实出发，会怎样呢？如果她能对自己的想法存疑（她可以有意地想，钱找不到了可能有其他原因），从事实出发展开对话会怎样呢？这不是更安全的方式吗？她出于谦逊用好奇的态度来对待这件事情，而不是认定自己的想法，愤而攻击别人。虽然她心里还会有怀疑，但她会暂时搁置怀疑，看看丢钱有没有其他原因。具体怎么做呢？她可以把想法暂时搁置一旁，围绕事实，也就是丢失的钱开始展开对话。

事实是最不会引起争议的内容。从事实谈起可以为你的对话提供安全的出发点。由于具备高度的客观性，事实是最不会引起争议的内容。比如"昨天早上你 8 点 20 分到公司"，这句话很少会引起争议。而结论却极易引起争议。比如"你迟到了 20 分钟"，这句话就开始带有某些想法了，它表明说话的人认为你应该 8 点到公司。而另一个推论"你不值得信任"就基本上不是事实了，更像是一种人身攻击，肯定会引起对方的争议。从指出 8 点 20 到公司，到认为对方迟到，再到指责对方不可靠，这个跨越让我们一下子失去了事实依据和安全的出发点。可能我们最终还是要和对方讲我们的结论，但是我们绝不希望对话刚开始就引起争议。我们应该从争议性最小的内容开始，之后再过渡到争议性最大的内容。

事实是对话的基础。它为接下来的结论奠定了基础。如果以事实作为对话的出发点，那么引发对方抵触心理的可能性就比较小。例如，用以下哪句话开头不容易冒犯对方呢？

> "别再性骚扰我了！"
> "我们说话的时候，你的眼睛总是盯着我的身体而不是我的面部，有时候还会把手搭在我的肩膀上。"

我们希望对方把我们的观点加入共享观点库，而在这之前，我们需要让对方认真聆听我们的观点。我们要帮助对方明白，一个理智而正常的人如果以个人想法作为对话的基础会带来怎样可怕的结果。如果我们错误地以令人震惊或讨厌的结论为基础展开对话（如"别色眯眯地盯着我"或"我觉得我们应该宣布破产了"），这样只会鼓励对方对我们产生大反派式的错误想法。因为我们的结论毫无事实依据，对方便会为我们的做法寻找原因，最后得出的结论很可能是：我们不是愚不可及就是不怀好意。

因此，如果你的目的是，帮助对方理解为什么一个理智而正常的人会按你的思路去考虑问题，你必须做到以事实为基础展开对话。

在展开关键对话之前，你应当花点时间仔细思考一下，区分出哪些是事实，哪些是个人结论。**可以说，搜集事实是启动关键对话必需的准备工作。**

还有，请记住你分享的只是部分事实。这里的技巧是向对方说明，你分享的只是你看到和听到的事实，不是全部事实。如果你声明这些只是你所见所闻的事实，你就为其他事实，也就是他人所见所闻的信息留出了一定空间。你在收集事实方面做了扎实的功课，这点很好，但不要假装你掌握了所有事实。

说出你的想法

我们往往太急于说出自己的想法（判断和结论）。有时候，仅仅摆出事实就足以让别人帮你厘清头绪。例如，如果你的老板连续三次都没和人力资源部门谈给你加薪的事，你只要指出这一系列的失误就好了，没必要再加上一句："我觉得你不是个懦夫，就是个骗子。你觉得你是哪个？"

如果你必须和对方分享自己的想法，那也不要一上来就说自己的想法。因为你的想法（特别是容易导致危险结论的想法）很容易让对方感到吃惊和反感，一个疏忽大意的表述就会扼杀对话中的安全感。

> 布莱恩：我想和你谈谈领导方式的问题，你总是故意刁难我，我都快
> 　　　　被你逼疯了。
> 费南多：什么？我不过问了你一句工作能否按时完成，你居然
> 　　　　说我……

如果你一上来就说自己的想法（并因此扼杀安全感），事实将永远无法得到关注。要想成功说出内心的想法而不招致对方的反感，你应当引导对方了解你的行为模式，让他们从头至尾地了解你分析问题的思路，且不是从行为结果出发的。你应当以事实为基础，并告诉他你由此得出的结论，让对方设身处地地为你着想。只有这样做，当你谈起自己的主观结论时，对方才会充分理解。也就是说，你必须先罗列事实，然后提出看法，同时要注意你的陈述方式，表明这只是一种**可能**，只是你的看法而不是确定的事实。

> 布莱恩：（陈述事实）自从我到这儿工作以来，你每天都要见我两次，
> 　　　　对别的同事从来没有这样的要求。而且，你还让我必须先通
> 　　　　报思路，然后才展开工作。
>
> 费南多：你想说什么？
>
> 布莱恩：（提出可能看法）虽然不确定我的想法是否正确，但我感觉你
> 　　　　好像不信任我。也许你觉得我无法胜任这份工作，或是会给
> 　　　　你造成麻烦，情况是这样吗？
>
> 费南多：哦，我只是想在你投入大量工作之前提出一些个人建议，没有
> 　　　　别的想法。以前跟我合作的那位员工，每次都在快要完成项
> 　　　　目时才发现忽略了其中的关键内容，我只是想小心谨慎一些。

表达个人想法也需要一定的技巧。记住，你应当先从事实出发，然后再提出自己的想法。即使你做到了这一点，当你从事实过渡到个人想法时对方还是有可能表现出抵触情绪。毕竟，你和对方讨论的是令人不快的结论和判断。

首先要问的是，我们为什么要陈述自己的想法？因为事实本身往往不值一提，事实外加个人观点才构成面对面沟通的基础。而且，如果你说来说去都是事实，对方可能并不明白问题何在以及有多严重，举例如下。

"我发现你的公文包里有公司软件。"

"是啊，这就是软件的好处，易携易带。"

"那个软件可是公司专有的。"

"这还用说？公司的将来就靠它了。"

"就是说它不能带回家用。"

"当然不能，那样会泄露公司机密。"

（好吧，该言归正传了。）"我想知道的是它怎么会出现在你的公文包里？看起来你准备把它带回家，是这样吗？"

你应当表现得自信。 的确，对他人的行为做出负面评价是很困难的事（如"我想知道你是不是在偷拿公司的东西"），你必须有相当的自信才能提出可能令人火冒三丈的观点。但是，如果你事先做了大量准备工作，认真分析了想法背后的事实，就会发现自己得出的是合情合理的正当结论，值得对方认真倾听。也就是说，从事实出发会帮助你奠定牢固的基础。想清楚事实，并先陈述事实，你会获得足够的自信，能够在对话中提出充满争议而又至关重要的看法。

不要堆积问题。 有时，我们会缺乏开口的自信，以至于问题长久地郁积在心中。一旦遇到合适的机会，我们便会把所有令人不快的结论一股脑儿地宣泄出来。例如，你准备和孩子的二年级班主任进行一次关键对话。这位老师认为你的女儿应当留级一年，而你不同意，觉得应当让她和其他同龄孩子一起升级。你是这样考虑这个问题的：

"有没有搞错？这个老师不过是个刚毕业的大学生，竟然想让杰德留级。坦率地讲，我觉得她不知道留级对孩子的负面影响。更差劲的是，她还说这是学校心理老师的建议。那个心理老师简直就是个白痴，我以前遇到过他几次，我才不相信他说的鬼话。这两个蠢货别想糊弄我！"

你会在对话中和对方分享如此具有侮辱性的结论或评价吗？当然不会。实际上，如果无法消除大反派式的错误想法，你根本不可能有任何机会展开健康对话。消除错误想法之后，你的观点听上去应当是这样的（注意措辞，你说的只是看法而非事实）。

"一开始听到你的建议时，我的反应是想反对你们的决定。但认真思考之后，我意识到自己可能错了。在杰德的问题上，我实在不知道怎样才是对她最好的安排，我只是担心留级这件事会给她带来耻辱感。我知道这是一个很复杂的问题，我想和你们开诚布公地讨论，看看应该怎样客观地评价这个决定。"

注意安全问题。在提出自己的想法时，你应当留意是否会出现安全感遭到破坏的信号。如果对方变得非常抵触，你必须暂停对话，利用对比法重建安全气氛。例如，你可以如下这样描述问题。

"我知道你们很关心我的女儿，也相信你们具有丰富的专业经验，这些并不是我担心的问题。我知道你们是为杰德好，我的出发点也是为她好。对我来说现在只有一个问题需要讨论，我认为留级这个决定会对她未来的人生造成巨大的负面影响。"

注意不要为你的观点道歉。记住，使用对比法的目的不是在看法问题上打折扣，而是要确保对方准确地理解你的意图。你应当非常自信地提出自己真正想要表达的观点。

征询对方观点

我们已经讲过，分享敏感看法的关键是在自信和谦逊之间寻找一种平衡。在陈述事实和表达个人观点时我们应当表现出足够的自信，在鼓励对方说出内心真实想法时我们应当表现出足够的谦逊，而且这种感觉必须是真诚而非做作的。

当你陈述完事实和自己的观点之后，接下来就该鼓励对方做出响应了。如果你的对话目的是自由交流观点而不是证明自己正确，是做出最佳决策而不是强迫他人服从于你，你会很愿意倾听对方的观点。愿意了解对方的观点，对别人的观点感兴趣始自真正的谦逊，真正的谦逊追寻的是真相，而不是自我的正确。

例如，你可以这样问自己：

"你怎么看这件事情？"

"你的观点是什么？"

"你能告诉我，你是怎么想的吗？"

这些开放式的问题会鼓励对方说出他们观察到的事实、内心的想法以及感受。对方说话的时候，要仔细聆听他们表达的内容。与此同样重要的是，在更多信息加入共享观点库后，你必须在主观上放弃或改变自己的错误想法。记住，**你的真正目的**是取得满意的结果，而不是证明自己正确，满足自己的虚荣心。

"方式"方面的技巧

探讨完综合陈述"内容"方面的技巧后，我们该看看"方式"方面的两个技巧了。

做出试探表述

回顾前面的小故事，你会发现我们在描述事实和陈述想法时总是非常谨慎，始终用一种试探性的、非武断的方式进行说明。例如，"我开始觉得……"或者"我忍不住这么想……"。

试探性地表述，目的是说明这只是我们不成熟的想法，绝不是板上钉钉的事实。"可能你没有意识到……"表明你并不确信自己的判断；"我个人认为……"表明这只是你的想法，仅此而已。

在分享看法时，你应当在自信和谦逊之间找到一种平衡。你的表达方式应当是这样的，既能在结论中表现出适度的自信，又能欢迎对方对你的看法进行质疑。要做到这一点，你可以改变一下措辞（见表 8-1）。

表 8-1　改变措辞

原来的措辞	新的措辞
事实是……	我认为……
人人都知道……	我相信……
唯一的办法是……	我确定……
什么馊主意……	我觉得这样不行……

注意，从左列到右列的主要变化不是说话者的确信程度有所变化，而是诚实程度有所变化，右列诚实地表明这只是你确信的观点。把"唯一的办法是……"改成"我确定……"，语气就变得更加谨慎。第一种说法听起来像是在宣称绝对真理，而第二种说法则是承认这只是你的个人观点。

"试探性地表述"不是为了软化措辞，而是为了增强话语的力量。记住，你的目的是推动观点的自由交流，而没有对方的同意，我们是实现不了的。如果你把结论伪装成事实，很可能引发对方的抵触心理，不愿意考虑你的观点，这样就无法达成自由交流观点的目的。对话的讽刺之处在于，在和观点不同的人交流时，你表现得越强硬、正确，对方就越抵触。用绝对化字眼和夸张表达并不会增加你的影响力，反而会削弱观点的分量。与此正相反，在对话中你表现得越谨慎，对方就会愈加开放地接受你的看法。

这样一来就出现了一个有趣的问题。有人这样问我们，在对话中表现得谨慎是否和暗中操纵对方有异曲同工之处，即你"假装"对自己的观点表示不确定，以此打消对方的抵触心理。

对此，我们的回答当然是否定的。如果是假扮试探性表述，你的行为就已经偏离了对话轨道。我们之所以要试探性地提出自己的看法，是因为真的不知道这些观点能否反映真实状况，不知道我们对事实的理解是否完整、准确。因此，在了解情况时你不能假装对问题不清楚；同样，在不了解情况时也不能假装什么都知道。显然，我们对事实的观察是有可能出错的，而我们的想法充其量只是具有一定事实依据的猜测而已，因此必然是存在缺陷的。

要谨慎，但不要软弱。有些人非常担心自己会表现得太强硬或太强势，因此错误地走向了另一个极端，表现出"傻瓜式选择"中的退缩型反应。他们认为，沟通棘手问题唯一安全的应对方式是表现得他们好像无足轻重："我知道这样可能不对……"或"我想我真是疯了，这件事……"。

当你彻底放弃自己的看法，或是表达方式让人感觉非常不自信时，这种做法对你的观点非常不利。记住，表现得谦逊和开放是一回事，但缺乏自信完全是另外一回事。你的表达方式应当给人坦诚开放的印象，而不是让人感觉你非常紧张。

正确表达方式测试

要想准确表述你的想法，你必须不偏不倚，既不要言过其实，也不要轻描淡写。我们来看看下面的例子。

> 轻描淡写："这样说可能有点傻，不过……"
>
> 言过其实："嘿！你怎么敢敲我们的竹杠？"
>
> 不偏不倚："看起来你准备把这个软件据为己用，是这样吗？"
>
> 轻描淡写："我觉得很不好意思跟你提，可是……"
>
> 言过其实："你什么时候又开始……了？"
>
> 不偏不倚："我注意到你又开始……了，这一次你有什么要解释的吗？"
>
> 轻描淡写："这件事也许是我的错，不过……"
>
> 言过其实："好啊，你连你妈给你烤片面包都信不过！"
>
> 不偏不倚："我感觉到你好像不信任我，是这样吗？如果是，我想知道我做错了什么。"
>
> 轻描淡写："或许是我在那方面要求得太多，可是……"
>
> 言过其实："如果你没办法满足我，就早点说！"
>
> 不偏不倚："我想你也不是故意这样的，不过我真的觉得在夫妻问题上咱们的互动不够。"

鼓励做出尝试

在请对方分享观点时，如何措辞也非常关键。你不只是要鼓励他们开口，还要表明这样一种态度，即无论对方的看法和自己的有多不同，你都愿意洗耳恭听。在对话中，对方需要这样的安全感来分享自己对事实的观察以及由此形成的想法，在对方的观点和你不同的情况下更是如此。如果你无法营造这种安全感，他们就不敢坦率地表露心声，你也就无法检验自己的观点是否准确了。

当对方在关键对话中有可能陷入沉默时，安全感会变得尤为重要。在这种情况下，有些人会做出"傻瓜式选择"。例如，有些领导者不愿对一些事情表达意见，他们担心如果说出内心的真实想法，对方会保持沉默，造成对话中断。于是，他们要么自顾自说，要么保持沉默，只听别人说。但是对话高手不会这样做，他们会让双方都坦诚交流。他们知道，**你能否充分地表达自己的观点，唯一的限制在于你是否愿意积极鼓励对方表达他们的观点。**

鼓励对方说出不同的看法。如果你认为对方有些迟疑，应当在对话中明确表示希望听到他们的观点，无论这些观点和你的有多么不同。如果对方和你看法不同，那更好。如果他们的看法充满争议甚至相当敏感，你应当对他们坦率直言的勇气表示尊重。如果他们观察到的事实和形成的看法与你不同，你应当认真听完他们的陈述，了解全面情况。为了确保他们有机会说出内心的想法，你可以这样鼓励对方发言："有人和我的看法不同吗？""有人要对我的看法补充吗？""我想听听其他的看法。"

真诚邀请。有时候，我们鼓励对方说出内心的想法时，表达方式听起来更像是一种威胁，而不是真诚的邀请。例如，"这是我的看法，大家没人反对吧？"注意，不要把鼓励行为变成隐藏的威胁。在鼓励对方时，你的话语和态度都必须真诚，必须体现出"我很想听听你的意见"的感觉。例如，"我知道大家不愿谈这件事，但我的确很想知道你们是怎么想的。""我知道大家对这件事有不同的看法，能不能互相交流一下呢？这个决定会给我们带来哪些问题？"

抛砖引玉。有时候，你能感觉到对方并不相信你的观察和想法，但他们就是不肯说出自己的看法。你积极地鼓励他们说出不同的意见，但就是没人开口。为了达到目的，你可以做出表率，吸引对方的参与。比如，你可以用自我否定的方式鼓励他们提出不同看法，例如，"或许我的看法不对，万一是相反的情况呢？万一销售下滑的原因是我们的产品真的过时了呢？我知道我的观点可能跟大家相反，但我真的很想从各个角度了解为什么这个观点站不住脚。"

坚持这样做，直到他们真正理解你交流的意愿。有时候，特别是你身居高位时，无论你如何谨慎，不管你怎么鼓励，都无法打消对方的疑虑。他们仍会觉得你是在要手腕，企图推销自己的观点或是诱杀反对意见。如果他们经历过此类情况，如以前的上司或权威人物鼓励他们开口，然后对不同意见者进行惩罚，那么这种情况会表现得尤其突出。

在这种情况下，你必须努力做出各种鼓励尝试。正如我们前面所讲的，你可以积极表达，为自己的观点辩论，但是更要积极地鼓励甚至是请求对方反驳你的看法。对于你的目的是想战胜对方还是展开真正的对话，真正的检验标准在于你鼓励对方坦率直言的努力程度有多大。

▶ **抗癌信心**

综合陈述法能够帮助我们在尊重他人的同时，有效地表达自己的观点。一位关键对话培训师在面对重症医疗诊断时，运用综合陈述法表达她的想法，成功让医生在决定诊疗方案时考虑了她的意见。

请扫描二维码，观看视频"抗癌信心"，了解她的故事。

回到丢钱事件

为了解如何使用综合陈述法应对话题敏感的对话，我们回到前面的案例来看一看。从商店走回家的路上，安妮塔把刚才发生的事情回顾了一下。这一次，她在提出敏感话题方面的表现要好多了。

安妮塔：（说事实）安伯，我刚才付款买东西的时候，打算用我钱包里的 40 美元，我记得里面有 40 美元来着。

安　伯：嗯。

安妮塔：（说事实）不过我打开钱包，却发现里面没钱。我觉得很奇怪，明明昨天我还看见钱在里面。然后我想起来，你昨晚上要跟朋友一起出去玩，跟我要钱，我说不行。不过你还是跟他们一起去看电影、吃饭了。

安　伯：嗯。

安妮塔：（试探性地说出自己的想法）很可能你把钱拿走了。

安　伯：你认为我偷了你的钱？

安妮塔：（询问对方观点）说实话，我不知道该怎么想。除了我刚才跟你说的，我别的也不知道什么了。我希望你能明白我为什么会以为你拿了钱。你觉得呢？

安　伯：嗯……这个……

安妮塔：（对比陈述）安伯，亲爱的，我知道你是个好孩子，我不想妄下结论伤害你。不过我也知道人是会犯错的，我像你这么大的时候也这样。我希望我们之间能坦诚开放地谈论一切事情，即使把事情搞砸了，我们也能坦诚地谈一谈。

安　伯：我本来想放回去的。我没想偷钱。我今天就拿到工资了，我以为在我放回去之前你不会注意到。

这是一场真实发生过的对话，整个过程跟上面的描述完全一样。对女儿起疑心的妈妈并没有横加指责，虚构令人不快的想法，而是分析事实，然后试探性地提出可能的结论。后来事情搞清楚了，确实是女儿拿走了妈妈的钱。母女俩讨论了这件事情，也讨论了私自拿钱该承担什么后果。特别好的一点是，她们也谈了是什么导致女儿拿钱的。通过这件事，妈妈对女儿的生活有了更多了解，也有机会指导女儿如何处理一些棘手的情况。因为她对这件事处理得当，她对青春期女儿的影响力也增加了。

当强烈的信念让你的影响力下降

下面我们来关注另外一个沟通问题。现在，你不是要谈什么敏感内容或难以确定的想法，而是要和对方争论自己坚信的观点。实际上你一向都是这样做的，你不但在家这样，在公司这样，在社交媒体上这样，甚至在排队投票时也要将自己的观点大肆宣传一番。

但麻烦之处在于，如果你讨论的问题结果充满风险，且你和其他人的观点完全不同（**虽然你深知只有自己是正确的**），你往往会强迫对方接受你的观点，一心只想战胜他们。显然，只有你一个人掌握真理的情况非常危险，如果听任对方自行其是，结果肯定会把问题搞得一团糟。因此，当你对这个问题非常关注而且十分肯定自己的看法正确时，你不只是在和对方交流，而是在强迫他们接受你的观点。你滔滔不绝，竭力让人们认同**你认为的真相**，但他们很自然地抗拒你，于是你便变本加厉地强迫对方接受你的观点。

作为咨询顾问，我们（本书作者）经常会遇到这种情况。例如，某公司会议室内坐了满满一屋子的领导，大家正要讨论一个重要问题。这时，有人暗示自己的看法是唯一正确的，马上有人提出反对，用各种事实加以辩驳。看到这一幕，掌握关键信息的人往往会陷入沉默。随着与会者情绪逐渐升温，原本需要慎重使用的措辞和试探性沟通的观点被各种绝对化表达取而代之，每个人都强调自己的看法如何正确，搞得就像石碑上的话语一样神圣。

最后，没有人听他人说话，大家不是陷入沉默就是对彼此暴力相向，共享观点库的大门被彻底封死，没有一个人成为赢家。

我们为什么会变成这样

这一切都是从一个错误想法开始的。 当我们坚信自己正确别人错误时，我们就不想再搞什么共享观点、自由交流了，因为我们自己的观点就是正确观点。我们还坚信维护自己的正确观点是我们的责任，为此不惜和他人发生争执。这是一种光荣的行为，是正直之人做的事情。

我们认为别人狭隘、愚蠢，所以我们理直气壮地控制局面。我们跟自己说："得有人来拯救这些可怜的人。"很快我们就自认为是消除幼稚想法和狭隘偏见的当代英雄。

殊不知，这样做其实是在自欺欺人，为自己寻找借口。一旦自认为是真理的化身、正义的卫士，我们便仿佛摇身一变成为"手拿大棒"的警察。我们会使出多年来屡试不爽的种种花招来自我辩护，其中最常见的是"瞒天过海式"：只列举支持自我观点的事实，避而不谈或是大肆诋毁不利于自己观点的信息。然后，我们会夸大其词地宣布："人人都知道这是唯一可行的办法。"如果这一招不奏效，我们会对自己的观点添油加醋："每个思维正常的人都会同意我的看法。"

接下来，我们会使出更多的花招，比如"狐假虎威式"："老板也是这么想的！""个人攻击式"："你该不会傻到相信他们的话吧？""以偏概全式"："既然国外项目出现了这种问题，我们这里肯定也会出现同样的问题！""无中生有式"："我们可以按你说的方案做，只要你不怕冒犯客户和丢掉生意就行。"

显然，我们越是拼命向他人强加自己的观点，使用的手段就越是低劣，遇到的阻力会越大，产生的结果会越糟糕，人际关系也会越差。

如何做出改变

要改变这种情况其实很容易，但首先你必须愿意面对这个问题。当你意识到自己正在拼命宣扬自己的观点正确时，你应当放弃咄咄逼人的攻势，想想你希望为自己、他人、你们之间的关系实现怎样的目的，然后问自己这样一个问题："如果这是我真正想实现的目的，我该怎样做？"只要你体内的肾上腺素不再肆虐，你就可以使用综合陈述法解决问题了。实际上，是否愿意用综合陈述法说明你的观点是个非常可靠的指标，从中可以看出你是否想进行真正的对话。你越不愿意用，就越说明你的目标是想战胜对方，而不是为彼此实现真正的目的。

当你意识到自己只想宣布真相，不想对话时，请使用你学到的以下技巧。

首先，关注你的行为。 你应当关注那些对方抵制你的情况，为应对你的做法，他们可能会提高音量或是强调自己看法背后的事实，当然也有可能以沉默不语的方式表示反抗。这时，你应当把关注点从话题（不管有多重要）转移到你自己身上，留意你的自我表现：你是否身体前倾？你是否提高了嗓门？你是否一心只想战胜对方？你气冲冲地写评论时，是不是在用力敲键盘？**记住，对问题越关注，你就越难以做出正确的行为表现。**

其次，检查你的意图。 你对话的目的是什么？你想得到对方的倾听、理解、认可，还是想改变对方的想法？虽然对话结束后，你不能控制或决定对方怎么想，但你可以影响对方怎么想。在思考真正目的的时候，问自己这个问题："如果这是我真正想实现的目的，我该怎么做？"

比如你和同事因高等法院最近的一项裁决产生争论。你和她的政见非常不同，可想而知，你们的意见大相径庭。你对这件事的感受非常强烈，特别希望同事能改变看法。要让同事改变看法，最好的方式是什么呢？通过大声嚷嚷、辩论、贬低或驳斥对方应该不是什么好方法，你想想看，什么时候有人大肆侮辱你的言论让你改变想法了？

如果你想有机会影响别人，首先必须理解他们。所以你要用缓和的方法，表现出宽容、开放的心态，相信对方有话要说，甚至能提供非常有价值的观点，然后请他们说出自己的看法。放弃你的强硬立场和绝对化的表达，但是不要放弃你的观点。你当然可以拥有坚定的信念，只要调整好表达策略就好。

罗瑞的关键对话经历

3年前，正在上中学的女儿被确诊为患有躁狂抑郁症。这种病毫无征兆的变化非常吓人，躁狂时她的表现充满暴力，躁狂过后的抑郁高度压抑，我和丈夫都很担心她会承受不住这种可怕的折磨。

要想控制这种病的病情，必须长期遵医嘱服用精心搭配的药物。非处方药和酒精一点都不能碰。在问题最严重的那段时间里，为消除暴力影响，我们甚至请来了警察。看着女儿吸毒、酗酒、用刀自残，我们一点办法都没有。她不再去学校上课，我们把她送到医院治疗，每天祈祷奇迹出现。

幸好，这时我接触了关键对话，开始用其中的技巧在女儿情绪波动时和她交流，结果证明这些方法非常有效！在驱散愤怒和悲观情绪方面，我发现对比法特别有帮助。等她病情缓和之后，综合陈述法成了促进我们沟通的最佳方式。我意识到，在表达关注时只要消除个人评价，实事求是地说明情况，然后鼓励她说出内心的想法，女儿就能更好地倾听我的表达。

在关键对话技巧的帮助下，在女儿人生中的困难时刻，我和她维持了良好的人际关系。自她确诊和接受治疗以来，她的生活发生了很大的变化。她开始按时吃药，不再结交不良的朋友，定期去医院复查，在学习上遇到困难时积极向老师求助，到教会做义工帮助残障儿童。最重要的是，她重新开始与做父母的我们交流心事。

面对未来的挑战，我会继续在生活中使用这些对话技巧。可以说，是你们帮助我们拯救了女儿。

小结：陈述观点

　　和对方讨论棘手问题时，或是确信自己正确，可能会强迫对方接受自己的观点时，你应当采用综合陈述法。

- **分享事实经过**。从最少争议、最有说服力的事实谈起。
- **说出你的想法**。说明你根据这些事实得出的结论。
- **征询对方观点**。鼓励对方说出他们看到的事实和内心的想法。
- **做出试探表述**。承认这些结论只是你的想法，不要假装其是事实。
- **鼓励做出尝试**。创建安全感，鼓励对方说出不同甚至对立的观点。

第 9 章

了解动机：如何帮助对方 走出沉默或暴力状态

说服别人的一个最好方法是用你的耳朵——听听 他们在讲什么。

——迪恩·拉斯克

"大家觉得这个项目计划有什么风险？"桑吉问。他看着围坐在桌旁的团队成员，看到一张又一张面无表情的脸。有几个人在低着头专心涂鸦，其他人与他短暂对视了一下，赶紧移开目光，看往别处。没有一个人说话。

桑吉再次尝试："我们都知道这个项目有多重要，所以我们才开会讨论。如果想做成这个项目，我们就必须好好讨论一下风险，尽力降低项目的风险。你们对这个项目有什么想法？"

还是没有人说话。

"好，那好吧，很好，好极了。"桑吉语气里带着明显的讽刺口吻，"这么看，这件事已经搞定了。讨论得很好。现在，我们就去大显身手吧！"

他看着团队成员收拾东西一个个离开房间，又低头看了看手里的项目计划书。桑吉是个经验丰富、能力很强的项目经理，成功做过几个数百万美元的项目，但这样的情况他还是第一次遇到。项目已经远远落后于计划，这也是上一个项目经理被解雇，桑吉被委任为新项目经理的原因之一。桑吉就任后起草了计划书，但是他知道，他没有这方面的专业知识，无法保证计划书是完善的。还好他有一个团队，但是天知道！他问大家意见的时候，每个人都面无表情地盯着他，什么意见也没有，连声都不吭一下。再问下去，他们就点头说计划书很好。桑吉还能怎么做呢？

不幸的是，类似的情形实在太常见了。你知道你需要就某件事情展开一次关键对话，你需要跟人讨论一个重要的项目计划，邻居门口的垃圾堆成了小山，又或者你儿子新交了一位劣迹斑斑的朋友。不管话题是什么，你知道对话会很关键。所以你认真准备，确定良好的意图，控制好自己的想法，谨慎地陈述你的观点。你真心想听听对方的观点。但是，当你问对方的意见时，他们要么用一副茫然无措的眼神看着你，一句话不说，要么就是火冒三丈地冲你大发雷霆。

会后，桑吉给团队成员托尼打电话，问他的意见："嗨，托尼，开会的时候大家都没怎么说话。我不知道大家是不是真的赞同项目计划。你觉得项目有什么风险？"

"得了吧，桑吉，"托尼回答道，"谁都知道这个项目没戏。我们根本不可能按时完成。没人会当面跟你说这个，你知道为什么吗？因为你是总部派来的，是那个骑着白马、拿着计划书来拯救世界的英雄。算了吧，伙计，这个项目必败无疑。唯一的问题是，沉船的时候谁还在船上！我跟你说……反正到时我不会在船上。项目搞砸了，我可不想当替罪羊。你是替罪羊！"

"等等！这不公平！我是项目的一员，你也是项目的一员。我才不会为这个团队的无能背黑锅。"桑吉大声打断了托尼的话。"整个团队只有我关心这个项目！"

如何回到对话

当对方陷入沉默或暴力状态，我们往往忍不住也陷入同样的状态。毕竟，我们付出了很多努力，包括主动展开对话，邀请他们说出自己的想法，等等。当他们不说话，或是态度不好时，我们难免会觉得很受挫。做了这么多，说了这么多都是白费力气，是吧？"我付出那么多努力，他们呢，不是不说话就是发脾气。"遇到这种情况，我们的想法往往迅速急转直下，动机也突然从希望理解对方的观点变成想强调自己思想境界有多高。

假如你面对问题时既不愿沉默，也不愿采用暴力，你该怎么办呢？当对方以沉默（拒绝表达内心的看法）或暴力（以非常伤人的方式沟通）方式破坏对话中的共享观点库时，你该怎样把他们拉回到正常的对话呢？

这个问题的答案似乎应当是"看情况而定"。如果你不想惹麻烦，最好什么都别说。毕竟，现在的问题是对方拒绝开口或火冒三丈，让我们躲避不及。你总不能为别人的想法和感受负责吧？

可是，如果你无法让对话双方开诚布公地交流观点，那就永远也解决不了问题。因此，即使对方会陷入沉默或暴力，你还是要让他们参与对话。虽然你不能强迫别人加入对话，但可以一步步地营造安全气氛，吸引对方和你交流。毕竟，他们表现出极端应对方式也是为了自己的安全考虑，因为他们害怕对话会让他们受到伤害。他们认为，如果和你展开对话就会有不幸的情况在自己身上发生。

例如，桑吉的团队被吓坏了。他们知道项目遇到了麻烦。毕竟，上一个项目经理刚被炒了鱿鱼。他们想保住自己的工作，而他们发现，保住工作最稳妥的办法是低下头不说话。

因此，要想让关系（以及团队、项目和结果）重回正轨，最好的方法就是努力重建安全氛围。

了解对方的动机

在第 7 章我们说过，一旦发现安全感受到威胁，你就应当跳出对话，重建安全氛围。当你的无心举动冒犯对方时，你应当马上表示歉意。或者，如果对方误解了你的真实意图，你应当用对比法消除误会，说明自己希望和不希望实现的目的。最后，如果你们还是无法达成一致，你应当努力寻找共同目的。

现在我们再来增加一条重建安全氛围的技巧——**了解对方的动机**。这样，我们对于他人的思维方式就形成了一个分析模型（行为方式模型），现在可以利用这个新工具来帮助对方营造安全感了。如果我们能想办法让对方明白分享自己的行为模式（包括他们观察到的事实、由此形成的错误想法以及负面感受）并不可怕，那他们就比较容易敞开心扉了。

了解对方的动机能让对方知道我们有良好的意图，所以这是个特别好的重建安全感的方法。之前我们跟对方说过我们有良好的意图，现在是我们用行动来展示我们有良好意图的机会。如果我们的意图真的是倾听和理解对方，与对方建立联结，那我们的一言一行都会为对话创建安全感。

但是究竟该怎么做呢？

自我审视：做好倾听的准备

真诚。要想了解对方观察到的事实以及产生的想法，我们应当鼓励他们说出内心的看法。关于这一点我们稍后再谈。现在要关注的是，当你鼓励对方分享观点时，你必须表现得非常真诚。下面我们举个例子来说明：某日，一位患者正在办理出院手续，工作人员注意到她有些心神不安，甚至可以说有些不满意。

> 工作人员：“您的就医过程顺利吗？”
>
> 患者：“还行。”（如果说有哪个字眼最能暗示存在问题，肯定非“还行”莫属。）
>
> 工作人员（马上回答）：“好的。下一位！”

这是典型的虚情假意型关心，跟“你今天好吗？”这种打招呼的话没什么两样。这种表达的潜台词是：“嘿！你可千万别当真，我就是跟你打个招呼，客气一下。”如果你真想让对方说出内心的想法，必须真情实意地做好聆听的准备。

好奇。当你确实想听取对方的观点时（你也必须这样做），了解事实的最好方式是为对方营造安全感，让他们说出为什么会在对话中表现出沉默或暴力。这就意味着在大部分人怒火中烧的那一刻，我们必须冷静下来，表现出强烈的好奇心。换句话说，我们要做的不是以牙还牙，而是要弄清楚对方暴力表现背后的原因是什么。但是，当对方出言不逊或默不作声时，我们怎样才能表现出好奇心呢？

对于那些善于在对话中发现安全感危机的高手来说，他们之所以能表现出好奇心，是因为他们很清楚这样一点，即了解对方恐惧或不适的原因是帮助他们重返对话的最好方式。他们意识到，解决沉默或暴力问题的方式绝不是和对方对着干，而是要积极寻找这些错误表现出现的潜在原因。这需要你具有真正的好奇心，即使在感到受挫或愤怒时也要保持一颗好奇心。

为说明使用这种方式的效果，我们来看看刚才的例子。

工作人员：您的就医过程顺利吗？

患　　者：还行。

工作人员：听起来您好像不太满意，是这样吗？

患　　者：就是感觉有点疼，还有就是，这个医生是不是有点太年轻了？

在这个例子中，患者一开始不愿表达内心的看法。或许，她担心说实话会冒犯医生，或是让忠心耿耿的医院工作人员生气。为解决这个问题，工作人员必须让患者明白（以尽量缓和的口气和措辞）说出内心的想法很安全，这时，她才不再犹豫。

保持好奇心。 当对方开始说出令人不快的想法和感受时，我们有可能编织受害者、大反派或无助者想法，以此说明他们为什么会说出这样的话。不幸的是，由于听别人抱怨并不是什么有趣的事情，我们便开始想当然地认为对方这样说是因为怀有负面的动机。

工作人员：你可真能挑剔！你只不过在网上看了一两篇文章，就以为
　　　　　比医学院毕业的医生还懂得多。给你治病的医生是以全
　　　　　班第一的成绩毕业的。要知道，她是最好的医生之一。

要想避免做出过激反应，你应当保持好奇心。一个能让你停止把人往

坏处想的好方法是专心致志地想一个另外的问题，比如你可以想："为什么一个理智而正常的人会说出这样的话呢？"努力思考这个问题的答案。下面的方法会对我们有所帮助，可以帮助我们积极地探寻对方的行为模式，认识到整个事情的来龙去脉很合理，也很正常。在大多数情况下，经过如此一番探寻，你会发现对方得出的结论其实非常合理。

耐心。当对方通过沉默或暴力表达自己的感受和看法时，他们毫无疑问是受到了体内肾上腺素的影响。即使我们最大限度地以安全有效的方式响应他们的言语攻击，最后还是要面对无可奈何的事实——对方需要一点儿时间才能摆脱激素的影响。

例如，面对朋友扭曲事实的指责，你对对方表示了充分的尊重，希望能继续维持对话。经过你的努力，即使你们的观点很相近，但对方还是表现得有些激动。诚然，人们的**想法**可以迅速转变，但强烈**情绪**的影响并不会马上消退。思想快如闪电，而情绪则是一种化学反应。引发强烈情绪的激素一旦爆发，它们会在血液中停留相当一段时间，有时候甚至远远超出人们改变看法所需的时间。因此，在等待化学反应追上闪电之前，请保持耐心。给对方一定的时间反思他们的行为动机，同时努力营造安全感，等待他们的负面情绪消散。

鼓励对方探索行为模式

确立了在对话中保持真正好奇心的态度后，接下来你应当帮助对方探索他们的行为模式。记住，我们是在他们行为模式的末端加入对话的。他们看到、听到一些事实，在大脑中形成主观臆断的想法，在这些想法的基础上形成某种感受（可能是恐惧和愤怒或失望的综合），然后受情绪的影响产生行为，而我们就是在最后这个不利的阶段试图展开对话的。即使我们能听到对方说的第一句话，但不可否认的是，这次对话实际上发生于对方行为模式的末端。换句话说，在行为模式路径上，我们此时看到的是对方的行为结果（见图 9-1）。

图 9-1　行为方式模型

每句话都有缘由。想象这样一个场景：因为球赛的耽误，你回到家打开电视时，最喜欢看的侦探节目已经快演完了。一个镜头切换，你看到画面从主持人切换到谋杀现场，屏幕下方打出了几个让你倍感郁闷的字——"请看下集"。

你恼怒地把遥控器摔向沙发，有没有搞错？居然错过了一整集！在接下来的节目中你开始翻来覆去地猜测这一集的剧情到底是怎样的，在你看到结尾之前发生了什么情况？

关键对话的发展过程也是这样充满神秘感和令人气馁的。当对方陷入沉默或暴力状态时，我们很不幸地出现在了其行为模式的"下集"中。因此，错过了对事情原委的了解，我们会感到非常困惑。如果我们不够细心，就会变得充满抵触情绪。毕竟，我们加入对话的时机不但大大落后，而且正好是对方开始表现得无礼之时。

打破恶性循环。接下来会发生什么情况呢？当我们面对对方的指责和攻击时，我们很少这样思考问题："天哪，他们现在的情绪可真够强烈的。不知道他们想到哪里去了。他们到底是怎么想的呢，是什么想法让他们这么激动？"正相反，我们常常会做出同样不健康的应对行为。隐藏在我们基因中经过若干年形成的自我保护意识开始作祟，让我们在失去理智的状态下仓促做出完全错误的举动。

对话高手是这样打破这种恶性循环的，他们会暂时退出人际互动，营造安全感，让对方说出自己的行为动机。他们会鼓励对方远离负面情绪和条件反射式的反应，帮助他们寻找错误表现背后的根本原因。实际上，他们会回顾对方整个行为模式的发展过程。在他们的鼓励下，对方会渐渐退出强烈情绪，转而寻找自己的行为原因和观察到的事实情况。

在帮助对方回顾其行为模式时，我们不但能抑制自己的反应，还可以回到情绪产生的根源去解决问题，即了解情绪背后的事实和想法。

询问技巧

时间。我们说当对方有想法和事实要分享时，我们的任务是鼓励他们积极做出行动。我们的任务线索很简单：对方即将陷入沉默或暴力状态，我们能够看出他们感到不安、害怕或愤怒。如果找不到这些负面情绪产生的**根源**，我们势必会受到这些情绪的影响。这些外部反应就是我们展开行动的时间线索，它们的出现意味着我们必须帮助对方回顾其行为模式了。

方式。在鼓励对方开口说出其行为动机时，我们必须注意，方式要诚恳。虽然困难重重，但我们必须做到面对对方的敌意、恐惧或伤害时保持真诚的态度。

内容。怎样才能让对方分享自己的行为动机呢？这需要良好的倾听技巧。为了鼓励对方不再依感情行事，而是坦率地说出真实想法和所见所闻，我们的倾听方式必须保证让他们有足够的安全感，这样，他们才能毫无顾虑地侃侃而谈。我们必须让他们感觉到，分享内心的观点既不会冒犯别人，也不会让他们因为直言不讳而受到惩罚。

四种倾听技巧（AMPP）

为鼓励对方道出行为动机，我们应当使用四种有效的倾听技巧营造安全感，让对方坦率地说出内心的想法。这四种倾听技巧分别是询问观点（Ask）、确认感受（Mirror）、重新描述（Paraphrase）和主动引导（Prime），它们既可以解决沉默应对问题，也可以解决暴力应对问题。

1. 询问观点

鼓励对方说出想法，最简单直接的方式就是请他们开口表达。在对话中要想打破僵局，你只需理解对方的观点即可。当我们表现出真正的兴趣时，对方就不会迫于压力而陷入沉默或暴力状态了。如果你能做到不强迫对方接受你的观点，而是鼓励对方说出他们的看法，就能打破对话反复陷入危机的恶性循环，找到问题的根源。

常见的鼓励性话语如下所示：

"发生什么事了？"

"我想听听你对这件事的看法。"

"如果你有不同的观点，可以直接告诉我。"

"别担心你的想法和我不一致，我很愿意了解你的想法。"

2. 确认感受

如果直接询问无法让对方开口，你可以通过确认感受的方式营造更大的安全感。使用这种方式时，我们会客观描述在对方行为模式中观察到的细节，然后鼓励对方对此进行讨论。由于我们目前能够观察到的只有对方的行为表现以及情绪反应带来的暗示，因此我们必须从这里入手。

在确认对方感受时，我们应当扮演"镜子"的角色，描述他们的外在表现或行为。虽然我们不了解对方的想法和观察到的事实，但我们可以观察并模拟他们的行为。

当对方的语气或体态（可窥探出其隐藏的情绪）和他们的表达内容不一致时，利用这种方法鼓励对方开口特别有效。例如："没事，我很好。"（但说话人的表情和语气表明他其实在生气，因为他在皱眉头，四处张望，脚踢来踢去。）

这时，我们可以说："真的吗？从你说话的方式来看，好像感觉并不好。"

也就是说，当对方所说的话和语气与体态的表现格格不入时，我们应当抓住这个细节了解其感受。确认对方的感受能够增强对话的安全氛围，因为我们这样做的时候，表明我们对他们很关心，对他们的想法真心感兴趣。我们在专心听对方说话！而且，我们不仅在听对方说什么，还注意到了对方说话的方式和状态。

当回顾你观察到的表现时，注意你的语气和表达方式。实际上，承认对方的情绪就能营造出对话安全感，这个观点并非事实。安全感的营造是因为我们的语气和表达方式可以让对方感受到，我们毫不排斥对方产生的情绪。只要我们做好了这一点，对方就会认为压抑自己的情绪是多余的，从而产生和我们坦率交流的信心。

因此，在描述观察到的情况时，我们必须做到冷静客观。如果我们紧张不安或是流露出厌恶对方观点的情绪，安全感的营造就无从谈起了。恰恰相反，我们这样做只会坚定他们想要保持沉默的念头。

确认感受的例子如下所示：

"你嘴上说没事，可听起来不像没事的样子。"

"你好像对我很生气。"

"看起来和他理论让你有点紧张，你确定要这样做吗？"

有意思的是，当你真诚地承认对方对你生气的时候，他们往往就不那么生气了；当你认同对方的紧张情绪时，他们往往就不那么紧张了。确认对方的感受可以推动对方说出自己的情绪，而不是用行动发泄情绪。

3. 重新描述

询问观点和确认感受能帮助你了解对方的部分想法。如果意识到对方**为什么**会出现特定的感受，你可以通过复述对方表达的方式营造更大的安全感。注意，复述指的不是一字不差地把对方的话重说一遍，而是用你自己的语言简略地说明自己了解的内容："好吧，你看看我的理解是否正确。你担心是因为上一个项目经理被开除了。你不知道你们是不是也会被开除，是这样吗？"

和确认感受一样，重新描述这个技巧的关键之处在于，你必须在陈述时保持冷静镇定。记住，我们的目的是营造对话的安全感，而不是表现得惊慌失措，暗示对话马上就要出问题。你应当努力思考的是，为什么一个理智而正常的人会做出这样的举动呢？这个问题可以帮助你远离愤怒或抵触情绪，学会冷静面对问题。你只需用自己的话重新描述对方的表达，让对方感到他们这样做是可以的，你正在努力理解他们的感受，现在的氛围很安全，他们可以坦率地说出内心的想法。

不要急于求成。现在我们来看看已经取得了哪些成绩。可以肯定的是，对方一定有很多想法没有分享。他们准备以沉默或暴力面对问题，我们很想知道他们为什么会这样做，想从这种行为回溯到问题的源头（即事实和想法），然后成功地解决问题。为鼓励对方分享观点，我们尝试了三种倾听技巧，即询问观点、确认感受和重新描述，但对方还是紧张不安，不愿说出全部的想法或事实。

现在该怎么办呢？这种情况很容易让我们泄气。在这种心理的影响下，我们用不了多久就会失去耐心，进而让对方感觉到我们先前的努力并不真诚。如果我们太急于求成，结果只会适得其反，破坏对话的目的和尊重感。对方会认为我们是为了私利而了解其观点，根本不在乎其个人感受。因此，我们必须放慢节奏。正确的做法不是直奔对方的情绪源头，而是及时退出或是询问对方希望看到怎样的结果。询问对方的目的可以避免他们陷入攻击或逃避的简单思维模式，转而思考更重要的问题解决方案。同时，这样做也有助于揭示他们出现问题的根本原因。

4. 主动引导

不可否认的是，有些时候尽管对方愿意袒露心声，但你仍能感觉到他们缺乏安全感，或者他们仍处在暴力状态中，未完全消除肾上腺素的影响，自己也说不清楚为什么会感觉愤怒。遇到这种情况，你就该使用主动引导技巧了。如果意识到对方没有充分表达内心的看法，还需要你做出努力时，你可以主动引导对方实现对话。

主动引导这个表达源自"灌液泵"这个概念。如果你用过老式的手泵，肯定会明白这一比喻的含义。在使用这种泵时，你必须灌水才能启动机器，继而正常运转。在对话中倾听对方的表达也是这样，有时候你必须提出一些关于对方想法和感受的猜测，然后才能顺利地打开他们的话匣子。换句话说，要想让对方做出积极响应，你必须首先向共享观点库中提供一些信息。

几年前，本书的一位作者曾为某公司提供过培训服务。该公司管理层决定在某个工作区增加中班，原因是公司设备的产能未得到充分使用，如果不这样做就无法承担高额的场地使用费。这就意味着，原来只上日班的员工必须两周一轮换，改上早班和中班。虽然很折磨人，但公司这样决定也是无可奈何之举。

当管理层开会宣布这个不受欢迎的决定时，员工都沉默不语。他们显然并不开心，但没有人站出来表达不同意见。生产经理担心大家误解公司的决定，认为公司这样做只是想拼命多赚钱。实际上，这个工作区一直处于亏损状态，之所以这样决定，部分原因也是为员工着想。如果不改成双班制，大家恐怕连工作都保不住。生产经理很清楚，轮班制会让大家在午后和晚上没有时间陪家人，给他们带来严重的心理负担。

面对员工闷闷不乐的沉默，生产经理想尽办法让大家说出内心的想法，以免他们带着情绪离开。他开始确认对方的感受："看得出，你们并不高兴，我知道，换谁谁也会不高兴。不过，我们能做些什么呢？"没有人响应。

最后，他开始主动引导大家。也就是说，他努力猜测员工此刻可能产生的想法，然后用一种鼓励的方式表明欢迎大家开门见山地讨论这个问题，最后在此基础上寻找解决办法。他向大家说道："你们是不是觉得公司这么做就是为了多赚钱，觉得我们毫不关注你们的家庭生活？"

过了一小会儿，有人回答道："事情看起来就是这样嘛，你知不知道这样会给我们带来多大的麻烦？"很快，其他人开始插话，大家热烈地讨论了起来。

需要提醒各位的是，你在尝试其他三种方式之前，不要轻易使用最后这种技巧。只有在非常想了解对方的看法，而且非常清楚他们的想法时你才可以这样做。主动引导是一种展示信念，承担风险，主动示弱和营造安全感的行为，目的是让对方彻底敞开心扉，说出内心的想法。

如果对方观点错误怎么办

有时候，如果对方的看法和我们的相距甚远，真诚探索其观点的做法会让人感觉很危险。对方可能是完全错误的、偏执的或危险的，而我们还必须表现得镇定自若，这会让我们感到紧张不安，不像在问问题，而是像在发起一场战争。

要想在探寻对方的行为动机时消除自己的紧张感，无论他们的看法多么离谱或错误，我们都必须牢记这一点，即我们的目的是要了解他们的看法，这样做并不表示同意或支持他们的看法。理解不等于认同，同理心也不等于默许。在逐步了解对方行为模式的过程中，我们会认真倾听，但不一定会接受对方的观点。

接下来我们有足够的时间和对方分享我们的看法。但是现在，我们只是试图了解他们的想法，以便弄清楚他们为什么会这样想和这样做。

▶ 如何在尊重他人的同时表达不同的观点

对于政治等一些争议性很高的敏感话题，进行关键对话似乎是不可能的事情。本书作者之一约瑟夫·格雷尼提供了一些技巧，教你如何了解他人的动机，即使在不同意对方观点的情况下，如何将激烈的争论转变为礼貌的对话。

请扫描二维码，观看视频"如何在尊重他人的同时表达不同的观点"。

了解桑吉团队的行为动机

下面，我们把刚才讲述的几种技巧在对话中应用起来，看看在桑吉团队的案例中会出现怎样的结果。现在是项目组的晨会时间，安德烈亚正在汇报一个非常关键的里程碑任务。

> 安德烈亚：尽管我们做了很多工作，但最后的循环测试还是没有完成。这个得下周才能完成。我知道这比预期的要晚，但从一开始大家就觉得这个时间表不切实际。

> 桑　　吉：等一下，你说什么？对这个时间表你是签字同意了的。如果你觉得它不切实际，你当时就应该提出意见。安德烈亚，你和你们小组答应的事情要按时完成。

> 安德烈亚：我们当时同意你的时间表不是因为它合理，而是因为我们没有其他的选择！

桑吉怒火中烧。他一向工作高效，最恨拖沓延迟。如果他们一开始就告诉他实情，他可以调整一下时间表，也许今天的情况就能避免了。他看了一眼项目组的人，看到大家面露惧色。很明显，对话遇到了问题。桑吉失望恼怒，安德烈亚则处于防御反攻的状态。桑吉意识到现在团队与他离心离德。接下来怎么处理将会决定他们以后能否好好合作，以及项目能否最终成功。

他停顿了一下，自问道："我真正的目的是什么？"这个问题简单，他想让项目成功。训斥安德烈亚并不能达到这个目的。桑吉知道他需要项目组成员的帮助，他们能帮他规避风险。他需要让他们有问题能及时说出来。

桑　　吉：（用对比法来建立安全感）我不希望你们明明知道时间表不
　　　　切实际，但迫于压力还要同意。这会给我们所有人都带来
　　　　非常严重的后果。我希望我们有自由开放的氛围，每个人
　　　　都能坦率地讨论项目的风险，不用担心这会显得你或你们
　　　　小组能力不足。不会的。我不希望设定一个对所有人都不
　　　　利的项目期限。

托　　尼：你说得倒轻巧。你是总部来的明星人物，你的饭碗跟项目
　　　　的成败又没有关系。

桑　　吉：（询问观点）我们能谈谈这个事情吗？我无意中听到你们几
　　　　个人说我是总部的人。我觉得你们好像不相信我跟你们是
　　　　一个团队的。

（一片沉默）

安德烈亚（听起来紧张不安）：当然没有。我们有什么理由不相信你
　　　　呢？我的意思是，你想把项目做成，对吧？

桑　　吉：（确认感受）你说话的语气，还有开会时大家老是不说话的
　　　　样子，让我怀疑你们是不是真的信任我。以我的经验，做
　　　　这样的项目，只有上下同心，才能无往而不利。也只有这
　　　　样，我们每个人才有安全感，才能开诚布公地说出自己的
　　　　意见。（询问观点）我非常想知道，是不是我这个人，或者
　　　　我的管理方式让你们不信任我？

（大家继续沉默）

彼得：我觉得你做得很好，桑吉。你来项目组我们很高兴。

安德烈亚：我同意。不是你的原因。我们现在都觉得压力特别大。我
　　　　甚至都不愿意想，要是项目黄了我们该怎么办。

桑　　吉：（重新描述）哦，听起来好像你怕保不住工作，是吗？

安德烈亚：是呀，看看上一任项目经理就知道了，我们难免有这种想法。

桑　　吉：（主动引导）我理解这种担心。说到底，每个人的工作都是和绩效挂钩的。不过，我想知道是不是还有别的原因。我试着说一下……我听到五六个人管我叫"新加坡桑吉"，一边说还一边笑。我当时以为没什么，不过现在看来，这个叫法背后好像有某种担心，担心我只关心能不能在新加坡总部得到升迁，不关心项目是不是真的能成功。因为我是总部派来的，你们是不是担心我来这里是监督评估你们的，还是怎么的？

（项目组成员面面相觑）

安德烈亚：嗯……这个……

桑　　吉：如果你们担心这件事情，那我们现在就讨论一下。这个项目关系到每个人……

　　显然，对话从这里才进入正题。项目组开始讨论真正的问题。对话结束后，双方都对开诚布公地讨论问题信心大增。

不同意时如何应对

　　现在，你已经尽力营造安全感，鼓励对方说出内心的想法了。经过询问观点、确认感受、重新描述和主动引导，对方终于表明了自己的行为动机，接下来该你做出反馈了。可是，如果你不同意他们的观点怎么办？毕竟，对方观察到的某些事实可能是错误的，他们由此产生的想法也可能存在缺陷。当他们的想法和你的观点相距甚远时，你该如何应对呢?

赞同

如果仔细观察发生激烈争执的家人或同事，我们往往会发现一个很有意思的现象。尽管你观察到各方争得面红耳赤，但实际上他们的观点是一致的。他们在每个重要问题上的看法其实并无区别，但还是会吵得天翻地覆。换句话说，他们总是把细枝末节的差异渲染成你死我活的争辩。

例如，昨天晚上你的儿子又没有按时回家，你和妻子为此争执了整整一早上。上次儿子晚归，你们说好要限制他的活动自由。但让你气恼的是，今天妻子似乎变卦了，认为这个星期可以让他参加足球训练营。原来，这一切只不过是一个误会。你和妻子都同意限制儿子的行动，这是核心问题。你认为妻子说话不算数，可实际上问题只不过是你们没有商量好禁足开始的具体时间。只要双方各退一步，听听彼此要说的内容，你们就会发现其实争议并不存在。你们都完全同意对方的观点。

在大多数的争吵中，双方观点不一致的部分只占 5%～10%。虽然我们对话的目的是要取得共识，消除差异，但绝不能从不一致的部分开始对话，而是应该从双方一致的部分出发。

这就是关键所在，如果完全同意对方的看法，你应当明确表示出来，然后继续展开对话。认同对方就取得一致，不要把原本一致的观点变成争执。

补充

当然，大多数人会在对话中把一致之处变成争执，是因为不同意对方所说的部分内容。当然，不同意的只是对方观点中的**一小部分**。如果是完全不同意对方，我们会像见到自助餐台上最后一块巧克力派一样迫不及待地冲上去大肆批评对方。

之所以会这样，是因为我们从很小的时候就开始养成挑别人小错的习惯了。比如，早在幼儿园时我们就知道，只要回答问题正确就会受到老师的表扬。因此，表现正确是件好事。当然，别人也知道回答正确会得到老师的青睐，所以，成为第一个表现正确的人会更好。在此过程中，我们开始学会从别人的事实、想法和逻辑中鸡蛋里挑骨头，因为指出对方的微小错误便可以证明我们自己是正确的。所以，能做到挑出别人的错误以说明自己正确，这才是最好的表现。

等学习生涯结束之后，我们简直已经达到对别人吹毛求疵的最高境界了。无论别人提出怎样的观点（基于事实和想法），我们都会情不自禁地去挑错。只要找到任何细微差异，我们都会抓住把柄大做文章。这样做根本无法维持健康的对话，只会让双方陷入激烈的争执。

与此相反，如果观察对话高手的表现，我们会发现他们对这种挑错游戏根本不屑一顾，绝不会像我们那样抓住无足轻重的细节不放，理直气壮地要和对方一争高下。实际上，他们努力寻找的是双方观点中的相同之处。因此，他们在对话中的反应通常是"我同意你的看法"，然后对这些看法展开讨论。至少，这些相同之处是他们进行对话的出发点。

如果对方在陈述事实和观点时有所遗漏，对话高手的做法是先认同双方的一致之处，然后做出补充。他们不会语气强烈地说"你错了，没有谈到……"，而是说"你说的没错，此外，我还注意到……"。

由此可见，当你同意对方的看法，但认为他们的观点不太完善时，正确的做法应当是做出补充。首先指出你们的一致之处，然后补充说明对方遗漏的内容。

比较

最后，如果你确实不同意对方的看法，应当把双方的观点进行比较。也就是说，你要做的不是指控**对方**的观点错误，而是承认你们的看法不同。尽管对方的观点的确有可能是错误的，但在双方共享看法之前你并不能百分之百地确定。现在，你只是知道你们的看法不同而已。因此，你不能简单粗暴地朝他们大喊："你说的不对！"你应当以试探但坦诚的开放态度表明自己的看法，比如：

"我觉得我们的看法有些不同，我来说明一下。"

"我是从另一个角度来看待这个问题的。"

"我的数据流和你的不一样。我能说一下吗？"

然后，你应当利用第 8 章学过的综合陈述法说明自己的观点，即分享你观察到的事实，试探性地提出看法，然后鼓励对方提出意见。陈述完自己的观点之后，你应当鼓励对方将双方的看法进行比较。总之，你的目的应当是和对方一起寻找和说明观点中的不同之处。

简而言之，在对对方的观点做出响应时，你只需牢记"赞同—补充—比较"三部曲即可。赞同对方看法时应明确表示观点一致，对方看法有遗漏时积极做出补充，和对方看法不同时进行比较。记住，你的对话目的不是把差异点变成争执，那样只会带来不健康的人际关系和错误的对话结果。

提前铺设心理预期

探寻对方的动机时，你会努力营造安全氛围，让对方放心地说出自己的观点。不过，只有**双方**的观点都得到倾听，才能推动观点的自由交流，所以**你**的观点也需要加入观点共享库。比较好的做法是，在表达你的观点之前，先为对方建立足够的安全感，让他们能够坦率地说出自己的观点。先倾听，然后再表达自己的观点。

这可能不容易，尤其是我们担心对方想表达观点，但不想听我们说话时，就更不好办。比如，卡尔叔叔很喜欢在感恩节的餐桌上大谈特谈他的政见，但只要有人提出不同意见，他不是大声咆哮，就是根本不听别人说话。你该怎么做，才能保证你也有机会表达意见？

显然，你不能强迫别人听你说话。仅仅因为你刚才听他们说话，并不意味着他们就一定会听你说话。当然，大多数人会投桃报李。如果你先真诚地聆听，真心了解对方的动机，大多数人会愿意听你说话。另一个有用的方法是提前铺设心理预期。例如，当卡尔叔叔滔滔不绝地开始抨击时政时，你可以说几句话为谈话设定一些界限，告诉他你想听听他的观点，问他愿不愿意也听听你的看法。

比如你可以这么说："卡尔叔叔，看得出来你对这件事情特别热衷，我特别想听听您的看法。我觉得您的看法跟我的肯定不一样，听听不一样的看法对我来说是件特别有益的事情。我用非常开放的心态听您说话，您说完后，能不能也用开放的心态听我说说呢？您觉得怎么样？"

如果卡尔不同意，你心安理得地走开就好了。你没有义务听他独白。但他很可能会同意你这个合理的要求。一旦他同意，等他说完你就可以发表你的观点了，当然，中间你可能需要温和地提醒他记住彼此倾听的约定，甚至提醒四五次之多，不过这也没什么好奇怪的。

达里尔的关键对话经历

几周前，一位很好的朋友向我推荐了《关键对话》这本书。这个概念对我来说非常有意义，因为当时我正面对很棘手的领导问题，这些问题都涉及影响重要决策的复杂对话。听完他的介绍后我产生了浓厚的兴趣，马上到书店去买了一本。结果，我一读起来就爱不释手，我只用了一个晚上就把它读完了。我惊奇地发现，书中的每一页对解决我正面对的问题都有帮助。

当时，我正在和一家重要的合作伙伴进行谈判。谈判已经进入尾声，目的是要在欧洲合资成立一家风险投资公司开发我们的技术。虽然通过过去两个月的努力我们已经快要达成协议，但最后阶段的讨论开始变得矛盾重重。每天我们都会在电话里争吵，双方对彼此的信任度一再下降。让我感到苦恼的是，我不知道该怎样有效地跟他们进行对话。两周前，我收到对方的交易条款书，这意味着我要么和对方达成协议，要么谈判无果而终，最后闹得不欢而散。在绝望关头，上周我和对方又谈了一次，希望能打破僵局，完成交易。

在准备这次会谈时，我又读了一遍《关键对话》，书中的方法是我的指路明灯。带着这些刚学会的技巧，我信心满满地参加了会谈。实际上，我甚至把自己的观点按书中的要求写了下来，并针对对话过程中可能出现的情况添加了注释。我严格按照书中的基本观点展开对话，结果真的出现了奇迹。在谈判中，我们有很多观点都不一致，但每次我都努力维护安全气氛，继续推动对话的进行。对我来说，最难做到的是抑制和对方一争高下的冲动。但是这一次我成功了，通过探索对方的观点，我成功地维持了对话的安全感。经过6个小时的讨论，我们终于制订出一份理想的交易方案，双方对此都感到非常满意。

这次交易前两天刚刚完成。在讨论最终文件的细节问题时，我们必须顶着巨大的时间压力，在跨洋电话中和对方讨论充满争议的问题。实际上，在昨天讨论进入最紧张的关头时，整个交易似乎又走进了死胡同。面对这种情况，我不得不连续 4 个小时在电话中和对方重新建立对话关系，确保协议顺利通过最后环节。昨天晚上，我们开始为长达 17 页的协议中的一个词陷入争执。我不肯做出让步，对方则试图威胁我们。于是，我又想到了自己学过的技巧，暂停争执，了解对方的看法，通过寻找共同目的的方式重建安全感。凌晨 5 点，我们终于达成了一致意见。在此过程中，我充分运用了和对方建立共识的对话技巧。

所以，我必须感谢《关键对话》，没有好友的推荐和它的帮助，我肯定无法完成如此重要的交易。

要想鼓励观点的自由交流，帮助对方摆脱沉默或暴力的错误应对方式，你应当了解他们的行为动机，在对话中表现出巨大的好奇心和耐心，只有这样才能恢复安全感。

然后，你可以使用四种有效的倾听技巧（AMPP），从对方的行为中寻找潜在的动机。

- **询问观点**。表明你很有兴趣了解对方的看法。
- **确认感受**。通过表示高度理解对方的感受增强安全感。
- **重新描述**。当对方说出自己的看法时，你应当重述他们的表达，表明自己不但理解其观点，而且鼓励他们分享内心的想法。
- **主动引导**。如果对方还是退缩迟疑，你应当"先发制人"，对他们的想法或感受做出最合理的猜测。

在和对方分享观点时，应当注意以下几点。

- **赞同**。同意对方观点时明确表示赞同。
- **补充**。如果对方的观点有遗漏之处，先赞同你们一致的部分，然后做出补充。
- **比较**。当你们的观点相距甚远时，不要认为对方是错误的，而应当把你们的观点进行比较。

| 第 10 章 |

掌控自我：面对严厉的
反馈如何保持韧性

除非我允许，否则没有人能伤害我。

——甘地

在一场婚宴上，本书一位作者向幸福的新婚夫妇洋洋洒洒地说了一段祝酒词。每次提到新娘，他都误用了新郎前妻的名字。他对自己的妙语连珠信心十足，洋洋得意。不过当他第四次说错新娘的名字时，一位难为情的宾客再也忍不住了，喊了出来："新娘不叫贝基，叫邦妮！"哎哟，可真够尴尬的。

批评性的反馈接受起来不那么容易。我们人生中一些最关键的对话就发生在有人当面说我们不好的时候。不过，收到反馈和收到毫不留情的语言打击是有区别的。大多数人都在某个时候受过"语言的打击"，比如正在开会，正在进行绩效评估面谈，或很正常地走在公司走廊里的时候，有人在语言上重拳出击，让我们在心理上深受打击。对有些人来说，人生从此就不一样了。

我们来看一下卡门的例子。卡门在一家家族企业工作，她的叔父是这家家族企业的创始人之一。有一天，她去见她的叔父，征求他对自己的意见。叔父摘下眼镜，紧紧盯着她的眼睛说："你应该学学你的妹妹琳达。"卡门回忆道："我当时惊呆了。琳达个子小小的，轻浮、做作，善于恭维男人，而我个子高挑，独立、机智、直率，跟男人一起平等工作。"她接着说："虽然这事过去几十年了，但它一直在我脑海里挥之不去。"

我们研究了几百个人的故事，他们都曾在人生的某个时候受到过言语打击。大多数人告诉我们，当年的寥寥数语给他们留下了难以磨灭的心理创伤，至今仍未愈合。看一下他们举的例子，我们很容易得出"这些话必定让他们很受伤害"的结论。例如，有人在工作场所受到过这样的语言打击：

- "你是个坏人。你是个小偷。你是个人渣。"
- "别这么一副受气包的样子了，谁走进你的办公室都可以对你指手画脚。考虑走人吧，我要的是勇士，不是懦夫。"
- "你很懒，懒到家了。"
- "你太恶毒了。"
- "你有点爱抱怨。"
- "你真懒。我觉得你一点事业心都没有，也没有动力。"

另一些人则在家里受到打击：

- "你就那么想结束单身，连这样的人做男朋友也愿意。"
- "还说你在公司善于沟通呢，你跟我沟通得可不怎么样。"

- "哪个公司会要你啊？"
- "你是为了交朋友才想要孩子的。"
- "你这个没用的垃圾，你谁都不关心，就关心你自己。"

那么多人一字不差地记得当时别人打击他们的话，好像那些话已经深深地烙印在他们的大脑里一样，这让我们感到非常震惊。石头和棍棒可以打断骨头，而这些轻飘飘的话比石头和棍棒厉害百倍，把他们的自信和希望击得粉碎，甚至毁了有些人的一生。

那我们该怎么办？仅仅因为一个好人说错了一句话，我们的幸福就被摧毁了。难道这是不可避免的吗？

重罪犯的启示

工作至今，大部分时间我们都在宣讲：改善我们的表达方式是帮助他人接受负面评价并做出改变的最好方法。在本书的前几章，我们提供了有正确的出发点（**从心开始**），用正确的方法（**陈述观点**），说正确的话（**CPR**），让对方感到安全（**保证安全**）的沟通工具。我们非常鼓励这些方法。

但是我们严重低估了提高心理承受力对改善沟通的作用。不管对方如何表达，提高我们对逆耳之言的心理承受力可以很好地提升沟通的效果。在认识了美国犹他州盐湖城市中心的 100 名重罪犯之后，我们才真正认识到这一点。

在盐湖城东 700 街和南 100 街的拐角处，坐落着一座维多利亚式的三层红砖大厦。它建于 1892 年，是全市第一座有室内管道的建筑。今天，这栋大厦里发生了更具创新性的事情，这里变成了另岸学院（The Other

Side Academy，以下简称 TOSA）的所在地。学院现有 120 名学生，他们平均被逮捕过 25 次，大部分人多年甚至数十年来无家可归，东躲西藏地从事犯罪活动。

作为在监狱服刑的替代方案，大多数学生在学院待 2～4 年的时间。在这段时间内，他们努力从自我毁灭的过往生活中走出来。这里没有专业人员，没有心理治疗师，没有顾问，也没有看守员，只有一群必须找到方法自力更生的人。学生来 TOSA 不用支付任何费用。TOSA 不接受政府在学费、保险报销、资金方面的资助，而是靠学生经营企业来维持运营。学生经营企业不仅能带来收入，还能帮助他们适应与他人一起工作和生活。

学生刚到 TOSA 的时候，往往表现得冲动、自私、阴郁、懒惰、不诚实、充满戒备，而且有种族主义的表现。他们待过的监狱可不是什么好的职业礼仪预备学校。在这里的教堂唱诗班唱歌太大声也没人管你。如果你曾抱怨过你们公司的问题员工，想想经营一家完全由 TOSA 学生组成的公司会是什么样子！

然而，自从 2015 年成立以来，TOSA 学生经营的这些企业每年在同类企业的评比中都获得最高评级。其中的另岸搬家公司（The Other Side Movers）是犹他州排名第一的搬家公司。图 10-1 是该公司数百条五星好评中具有代表性的一条顾客评价。

另岸装修公司（The Other Side Builders）在诚信和质量方面享有无可挑剔的声誉。还有，如果你看一下网上对另岸二手精品店（The Other Side Thrift Boutique）的评论，你会以为人们是在描述他们在四季酒店的感受。这一切是怎么发生的呢？这些曾经深陷谷底的人是怎样携手合作，取得了连世界上最优秀的公司都羡慕不已的成果的呢？

答案是游戏。

Berkeley R.　　　　　　　　　　　　　　　　　　2020.08.10

"当我看到对另岸搬家公司的各种好评时，我在想，一个搬家公司怎么会有这么多好评呢？现在我知道了，这是因为他们太棒了。

他们按小时收费，但动作超级快，飞快地跑上跑下。他们不仅价格优惠，人也超级有礼貌，非常专业，认真负责，搬东西很小心，很爱护东西。

负责人里夫还特意给我看门框上磕的一个特别特别小的痕迹，要不是他说，我永远都不会注意到，但是他觉得有必要跟我说一下。他们就是这么用心工作的。

100万颗星！如果你要搬家，就找他们吧！"

图 10-1　另岸搬家公司的一条具有代表性的顾客评价

　　每周二和周五晚上 7~9 点，TOSA 的学生聚在一起，参加他们称之为"游戏"的活动。TOSA 的领导者用这个说法来提醒学生，虽然它很像一项体育游戏，但有可能会很紧张，很有挑战性，不过有规则来保证游戏的安全，游戏不会无限期进行，结束后大家可以做别的事情。进行游戏的时候，20 人一组，彼此给对方坦率的反馈。游戏的基本信念是：直面残酷的真相是获得同理心、成长和幸福的最佳途径。

　　游戏有时候很吵，大家说话直来直去。有时候十几个人集中对一个人提意见，能连续说 15~20 分钟。他们摆出事实，说你最近表现得不诚实、控制欲强、懒惰、自私或傲慢。游戏很少注重委婉地表达意见，而是注重帮助每个人学会"适应游戏"。从根本上来说，适应游戏就是要学会非防御性倾听。学长会建议你："光听就行，然后带着所有的反馈上床睡觉，那时你可以想想哪些话有价值，哪些是废话。"

　　我们介绍 TOSA 游戏的目的不是让大家毫无顾忌地随意表达，我们仍然需要有礼有节地表达我们的意见。请大家理解这一点。我们在前几章所学的技巧和原则非常有效，但在某些情况下我们也可以反其道而行之。在这个独特的环境中，这个独特的方法为什么会让这群独特的人受益，TOSA 有自己的逻辑。我们同意这个逻辑也好，不同意也罢，都可以从那些不仅学会参与这种讨论，而且还在讨论中迅速成长的人身上学到一些非同寻常的东西。

不出所料，新来的学生不太适应这种游戏。如果有人说话不中听，他们要么退出游戏，要么予以否认或激烈回击。但是他们变化很快，没过多长时间就适应了游戏，其他人说什么都行，怎么说都行。他们发现，安全感和价值感的唯一可靠来源是他们自己。这一发现是一种解放。他们在自我感觉不好的时候不再怨天尤人，也学会了为自己内心的安宁负责。

用比喻的说法是，他们学会了"拿回自己的笔"。

我们把"笔"看作定义自我价值的力量。当我们手握自己的"笔"时，我们就可以自主书写我们的价值。你着眼于内在价值还是外在价值？它跟你的外表有关，它取决于你取得了多大成就，多少人钦佩你，还是取决于你的爱是否得到了某个人的回应？

我们出生时，"笔"都紧紧握在自己手里。婴儿不会为他人的意见而烦恼。小时候的我们，不会为毫无疑问的事情感到焦虑。其他人的想法，比如奶奶希望我长得更像她一点；如果我的眼睛是棕色的，叔叔会更喜欢我；姐姐希望我是个女孩；等等，对我们来说一点都不重要。但是随着我们慢慢长大，我们的心态有了变化。当我们越来越能意识到周围人的情绪和评判时，我们就再也不是从前的自己了。以前，我们去找他人纯粹是为了得到帮助、信息或是陪伴，现在不一样了。不知不觉地，我们把自己的"笔"递给了他们，让他们来定义我们的价值。

　　谁拿着你的"笔"，谁就可以书写你幸福的条件。有些日子，我们完全拥有自己的"笔"。有人喜欢我们，有人不喜欢。有些事情很顺利，有些事情不顺利。不管怎么样，我们个人的安全感不是来自别人对我们的看法，而是来自我们长期固有的价值观。我们的心理幸福指数不会因为别人听了我们讲的笑话有没有笑而起伏涨落。我们有自己的"笔"。

　　但是有一天，在你不知不觉中，一个微妙的变化发生了。你做了一个非常棒的发言。你每表达一个观点，在座的人都深表赞同，说到关键处，大家还纷纷做起笔记。发言结束后，一个从未跟你交谈过的同行告诉你，这是他见过的最好的项目推介。这种感觉真好。委员会经过讨论，批准了你的提议。你感觉更好了。接着你的老板把你拉到一边，对你说："我很看好你，我们明天谈谈吧。"你低头一看，发现你的"笔"不见了。你知道它到了其他人手里。但是谁在乎呢？生活真美好。

　　当我们交流不再是单纯地为了获得信息，还希望获得他人的认可时，变化就发生了。我们开始在意别人的评价。我们不单喜欢别人的认可，我们还需要别人的认可。从那一刻起，我们就完全失去了安全感。现在，那些拥有我们"笔"的人控制了我们的情绪。虽然今天感觉很好，但明天却危险重重。用牧师科尼利厄斯·林赛（Cornelius Lindsey）的话来说，如果我们因别人的赞美而活，也会因别人的批评而死。

　　有时候我们未经思索就把自己的"笔"拱手送人。我们没注意自己的重心什么时候出现了偏移，身体前倾得太厉害，从享受赞美变成了需要赞美。有时候我们这么做是出于天真的希望，以为向外在的认可看齐，我们就能获得更好的发展。其他时候，我们这么做只是出于权宜之计。我们不愿意向内力求心安，而是更愿意依靠别人的认可。经过一两次的关键对话之后，我们会意识到这种生活方式让我们无法安定下来。

我们对反馈的感受如何，更多与我们的"笔"在谁那儿有关，而不是与反馈的内容有关。

反馈的谜题

看到 TOSA 学生在接受反馈方面的精彩表现，我们明白了我们的研究数据中曾让我们困惑不解的一个问题。你做个排序便会明白我们的困惑所在。请先看一下下面的列表，表中列出了我们的调查对象收到的一些"毫不留情的反馈"，然后按照你心目中这些话对调查对象的伤害程度从轻到重的顺序进行排序。

- "你太恶毒了。"
- "别人正在做事的时候你去跟人说话，你也不问问别人是不是有时间，光顾自己方便。"
- "你是个坏人。你是个小偷。你是个人渣。"
- "你发脾气的时候，别人会觉得不受尊重。"
- "你得好好看看你自己，想办法去掉你的缺点。"

我们请了好几百个非当事人来排序，最常见的排序顺序是：

（1）"别人正在做事的时候你去跟人说话，你也不问问别人是不是有时间，光顾自己方便。"

（2）"你发脾气的时候，别人会觉得不受尊重。"

（3）"你得好好看看你自己，想办法去掉你的缺点。"

（4）"你太恶毒了。"

（5）"你是个坏人。你是个小偷。你是个人渣。"

　　请注意，当我们以这种方式排序时，我们暗自假设要根据这些话的严重程度来做排序。我们以为，比起对容易改变的行为的轻微批评，对深层性格缺陷的严重评判会造成更深的伤害。我们确信，"坏人、人渣"会给人留下深深的心理创伤，而"别人正在做事的时候你去跟人说话"给人的感觉只像被纸划伤了一样。正是这种想法让我们不去深究他人的评判对我们自我价值的影响。

　　根据我们从调查对象那里收集的问卷（基于这些话对他们的伤害程度和持续时间的问卷），我们得到的实际排序是：

（1）"你太恶毒了。"

（1）"别人正在做事的时候你去跟人说话，你也不问问别人是不是有时间，光顾自己方便。"

（1）"你是个坏人。你是个小偷。你是个人渣。"

（1）"你发脾气的时候，别人会觉得不受尊重。"

（1）"你得好好看看你自己，想办法去掉你的缺点。"

　　这些话在主观上会造成同等程度的伤害。不管是说话内容还是表达方式，都无法让我们预见伤害的严重性有多大！很明显，还有其他因素在起作用。

回到 TOSA

　　TOSA 的学生让我们再次看到，我们对反馈的感受与谁拿着"笔"有关，与反馈的内容和表达方式无关。如果我们认为反馈的内容或设计决定了我们的感受，那这恰恰是我们的问题所在。

周五晚上到了。这次的游戏主角是马林，他今年 55 岁，曾经是一名瘾君子和服刑人员。他看起来像是一位饱经风霜的海员，休息的时候，总是一副脾气不太好的样子。马林三年前来的 TOSA。刚来时，他的情绪非常不稳定，稍微一点批评或是一点不赞同的暗示都会让他大发脾气。在游戏中，他被毫不留情地评价为粗鲁、自私、戒备心很强。但那是过去的事情了。

他现在是另岸装修公司的一名装修队长。今天晚上，在他手下工作的一位新来的学生大声表达对他的不满："马林，你是个控制狂。我不是什么都不懂，我有施工经验，我知道怎么干活。但是不管我的方法管不管用，我都得听你的！是不是把我们管得死死的，你就很高兴？为什么你就不能松一点，有时候让我按自己的方式来？"

马林都听进去了。他舒服地坐在那里，胳膊和腿都很放松的样子。他平静地看着那个年轻人劈头盖脸地抱怨自己。抱怨在继续，马林的脸上开始流露出难过的神情。年轻人说完后，马林低下头，深吸了一口气，说："我没想到你会有这种感觉。你说得对，我确实是那个样子，我会改的。"

三年前的马林害怕真相，渴望赞扬。现在的马林渴望真相，害怕赞扬。他学会了和赞扬保持一段健康的距离，把赞扬当作信息而不是肯定。这是怎么发生的呢？

"笔"的两个作用

他学会了拿回他的"笔"。

我们来详细说一下"笔"的概念。人类有两个最基本的心理需求：安全感（身体、社交或物质方面的安全）和价值感（自尊、自爱或自信的感觉）。只有当我们认为反馈威胁到了我们的两大需求或其中一个需求时，我们才会受到伤害。

我们来扩展一下"笔"的定义，把它视为决定我们如何获得安全感和价值感的力量。

首先我们来看一下安全感的问题。很多 TOSA 学生在长期缺乏安全感的环境下长大，因此觉得自己永远处于危险之中。更严重的是，他们觉得自己没有能力获得安全感。虽然我们的成长经历与他们不同，但在成长过程中的一些经历也会让我们在某些情况下变得谨慎警觉、缺乏安全感，这导致我们在跟某些人谈话的时候忐忑不安，而这种忐忑是完全没有必要的。

我们长大成人后，有了照顾自己的能力，但我们对安全感的认知还停留在小时候。这些认知控制了我们的生活。当我们的老板、伴侣、邻居、地铁上的乘客指责我们时，我们往往在情绪上过度反应，远远超出了面临实际危险时应有的反应。为什么会这样？因为在我们的认知里，赞同等于安全，不赞同等于危险。我们守护自己安全感的能力增强了，但我们还没有更新自己的认知。

长大成人后，"笔"到了我们自己手里。我们有责任，也有能力照顾好自己。不可否认，有时候别人的反馈会涉及金钱方面的威胁（我要炒掉你）、关系方面的威胁（我要离开你），甚至身体方面的威胁（我要打你）。在这些情况下，一定程度的害怕是合理的反应。但我们对研究中收集到的 445 个案例的分析表明，直接威胁是非常罕见的例外情况。在大多数情况下，让我们陷入危险的并非反馈本身，而是我们对反馈的戒备、好斗或怨恨的态度。让我们戒备心这么强的一个原因是我们低估了自己的自我保护能力。如果我们对自己很有信心，是不会生气的，只有害怕的时候才会生气。

现在我们来谈一谈价值观，先从两个假定开始：

（1）知道真相是件绝对的好事。知道的真相越多，就越能更好地驾驭生活。

（2）他人的反馈不外乎三种情况：完全真实，完全虚假，真假参半。大多数情况下反馈是真假参半。

面对反馈的明智做法，我们应该像 TOSA 学生一样，先收集反馈，然后辨伪去妄。但我们不是这么做的，而是不管听到的是真是假，还是真假参半，我们一概做出受伤、羞愧、害怕或生气的反应。为什么会这样？因为我们心里有种潜在的担忧，担心自己没有价值。我们害怕自己不够好、不可爱、没有价值，正因为如此，我们才会觉得别人的意见那么具有威胁性。当别人手握我们的"笔"时，我们会一直处于害怕别人不认同我们的折磨中。对我们来说，他们的反馈已经不再是对我们行为的谴责，而是变成了对我们价值的评估。

当我们交出自己的"笔"，我们同时也放弃了一项重要的责任——定义自我的价值。我们自身不再生出价值感，而是开始向外寻找价值感，这种寻找让我们一直处于不安全的感觉中。

难道我们真的生活在一个极其脆弱的世界里，一块语言的石头就能将它击垮？在失去我们的"笔"之前，不是这样子的。

反馈的对策

TOSA 的学生后来都变得非常善于接受反馈。我们经常听见学院的老生抱怨："很长时间都没给我开一场硬核的反馈游戏了。我想让其他人继续帮助我成长。"从觉得受制于反馈到变成反馈的受益者，有四个工具在 TOSA 学生的转变中起了很大作用。这些工具让他们向内而不是向外寻求安全感和价值感。

这四个工具可以归纳为易于记忆的首字母缩写词"CURE"。

镇定（Collect yourself）。慢慢地深呼吸会让我们感到安全，意识到身体不必进入战斗状态。关注自己的感受也会有所帮助。尽力觉察我们体会到了哪些感受，从而觉察我们的情绪。我们是受伤、害怕、尴尬还是羞愧？如果我们能对当时的感受有所思考，我们就能获得更多力量来控制自己的情绪。另外，识别、审视和批评那些引发你感受的事情也有帮助（见第 5 章）。一些学生会有意识地借助令人宽慰的事实来整理情绪，例如重复鼓励自己："这些话伤害不了我，我很安全"或者"即使我犯了错误，也不代表我整个人不好"。马林拿回了他的"笔"，写下了自己的价值宣言："我拥有无限的、永恒的内在价值。我的过去和别人的看法都不能代表我是个什么样的人。我的价值在于我的潜力和我的选择。"正是这些想法让马林在游戏的时候一直保持泰然自若。

理解（Understand）。保持好奇。提问并请对方举例，然后倾听。我们在前一章说过，好奇心可以让我们免于生出戒备之心。专注于理解可以阻止我们沟通时对人不对事的倾向。我们忙着解决疑问的时候，是不会去苛求自己的。最好的"好奇心谜题"是"为什么眼前这个通情达理的、理性的、正派的人会说这样的话？"从对方说的话中抽离出来，就像他们在说别人，这样我们就不会去评估对方的话。把自己当作一个优秀的记者，只是在了解事情的来龙去脉。

复原（Recover）。有时候，最好在这个阶段请求暂停。控制感会带来安全感。你有真正准备好了再回答的权利，当你这样做的时候，你会重新获得一种控制感。跟对方解释，我们希望花时间反省一下，有机会再回复他。像 TOSA 学生那样，把收集反馈和整理反馈的任务分开，先倾听，过后再分辨真假。在评估对方的反馈之前,允许自己感受这个过程,并从这个过程中恢复过来。在 TOSA,一些学生有时会回应说:"我会好好想想的。"他们不同意也不反对,只是答应会找时间用心思考一下这些反馈。之后他们会认真反思,直到他们觉得已经把"笔"完全握在自己手里为止。如果对方的意见对我们而言太具挑战性,我们可以这样说:"怎么答复你对我来说很重要。我需要一些时间,好好思考一下你说的话,然后告诉你我的结论。"结束谈话后,使用对我们有用的方法重新建立安全感和价值感。

积极处理(Engage)。审视他人的话。如果我们在重建安全感和价值感方面做得很好,我们会从反馈中寻找真相,而不是从中寻找漏洞。筛选反馈,即使对方说的 95% 的内容都是废话,只有 5% 的内容有价值,我们也要去伪存真。别人的话中一般总会有少许真相。不断抽丝剥茧,直到发现真相。如果情况允许,再次联系那个提意见的人,告诉他我们对反馈的理解,我们接受哪些意见,有哪些承诺。有时,这可能意味着我们要表明自己的观点。如果我们在潜意识里没有寻求对方赞同的需要,我们就不会表现得戒备心很强或是争强好斗。

现在的马林一副从容自信的样子。他与疏远了 30 年的父母和兄弟姐妹重归于好。在过去 3 年里,他参加了 300 场游戏,这意味着他听了很多反馈。不过马林学到的一点是,他对反馈的态度比反馈本身更重要。他认识到,凡是让他很难接受的意见,都是在提醒自己,他还有一些内在的工作要做。他学会了做自己安全感和价值感的主人。在这个过程中,他变得心态平和,而这种心态改变了一切。

其实,我们在遭受"语言的打击"时,感受到的痛苦只是表象,其背后隐藏了更深层的问题。那些承认并解决了这些深层问题的人,不仅提高了自己关键对话的能力,还能更加游刃有余地面对岁月的沧桑和世事的变迁。

小结：掌控自我

当面对毫不留情的反馈时，提醒自己，我们在很大程度上可以控制自己的言行。我们可以通过一些方法来重获安全感，确认自己的价值，从而"拿回自己的笔"。下面四个技巧可以用来管理我们面对和处理反馈的过程：

- **镇定**。深呼吸，觉察自己的感受和情绪，用安抚性事实来增强安全感和价值感。
- **理解**。保持好奇。提问并请对方举例，然后倾听。从对方说的话中抽离出来，就像他们在说别人。
- **复原**。根据需要请求暂停，以便整理好自己的情绪，处理对方的反馈。
- **积极处理**。审视他人的话。从反馈中寻找真相，而不是充满戒备心地寻找漏洞。如果情况允许，再次联系那个提意见的人，告诉他我们对反馈的理解，接受哪些意见，有哪些承诺。如果需要，平和地表明我们的观点。

CRUCIAL
CONVERSATIONS

第三部分

如何结束对话

结束关键对话的技巧看似简单，实则不然。大多数人都知道他们应该使用这些技巧，但他们没有，而这种疏忽也让他们付出了高昂的代价。

不要因为这些技巧好像人尽皆知就忽视它们。这是典型的知道不等于做到的例子。在每次对话结束时都运用这些技巧，可以让你避开无数遗留问题。要知道，因为预期的不同和后续记忆的分歧会导致大量的遗留问题。如果你确保在结束对话时使用这些技巧，是完全可以避免这些问题的。

第 11 章"开始行动"里面讲述的技巧将帮助你明确采用何种决策方式，以及确定执行环节的行动人、行动目标、行动时间和检查方法。

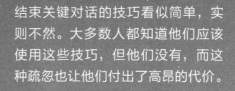

CRUCIAL
CONVERSATIONS

开始行动：如何把关键对话转变成行动和结果

每个人都有能力选择不作为。

——塞缪尔·约翰逊

行文至此，我们一直都在强调向共享观点库添加更多信息有利于展开对话。为鼓励观点的自由交流，我们通过剖析对话高手的行为方式分享了各种可学习的技巧。只要你遵循了这些建议，肯定会获得内容丰富的观点库。

下面我们要介绍最后两种技巧。获得更多信息，甚至双方对这些信息的看法一致，并不能保证双方对接下来的行动看法也一致。我们往往无法把信息转化成行动，原因有两个：

- 对如何决策缺乏明确的期望。
- 做出决策后实施情况不理想。

这些问题很危险。实际上，人们从获取观点转移到展开行动的这个阶段，往往是最容易出现新问题的阶段。

对话并非决策

在关键对话中，两个最冒险的阶段是开始和结束。前者是因为你必须想办法营造安全感，否则问题就会偏离对话轨道；后者是因为如果不注意区分个人结论和根据共享信息库做出的决定，后期的执行过程就会破坏期望。这种情况往往以两种方式出现。

如何制定决策？ 首先，人们可能不了解决策是如何制定的。例如，卡拉有些气恼，因为雷内自作主张地报名参加了为期 3 天的邮轮游，甚至支付了 500 美元的押金把房间升级为套房。这些他都没有跟卡拉事先商量，只是报名后转给她一封邮轮公司的确认邮件。

一周前，两个人就度假方案问题展开了关键对话。卡拉和雷内诚恳坦率地说明了各自的看法和喜好。做到这一点并不轻松，在对话结束时双方都认为邮轮游是个不错的主意。可是现在的情况是卡拉有些气恼，而雷内感到迷惑不解，他还以为卡拉收到邮件会欣喜若狂。

原来，卡拉**原则上**同意邮轮游，但不喜欢参加这个邮轮游项目。雷内以为只要是邮轮游就行，因此大胆地自己做了决定。好吧，这下你自己去吧。

到底还做不做决定？ 关于决策的第二个问题通常在无人决策时发生。关键对话往往很难。等好不容易谈到最后，我们往往觉得如释重负，赶紧表达发自内心的感激，而且仅仅满足于表达感激："谢谢，能坐在一起谈谈我真的很高兴。"对话结束后，我们感觉良好，因为没人哭鼻子，也没人大吼大叫，这次对话就算成功了。但是，因为我们没有澄清双方的理解，也没有明确做出决定，所以对话中的观点总是流于无形，要不就是人们面对各种看法不知道该怎么办。

决定如何决策

其实，这两个问题都是可以解决的，前提条件是双方在决策之前先决定如何进行决策。注意，千万不要把对话当作决策。对话是获取双方观点的过程，这个过程肯定会涉及每个对话者。但是，允许双方分享观点，鼓励他们说出看法，并不表示他们一定会参与决策。为避免期望值遭到破坏，我们必须学会区分对话和决策，明确指出应当如何决策，参与决策者有哪些以及为什么这样决定。

权限分明时的决策。当你具有管理权时，应当由你决定采用哪种决策方式。例如，在企业和家庭中，应当由经理和父母决定如何决策，这也是他们作为领导者的责任之一。例如，公司副总不会让员工决定价格变化问题或产品线调整问题，那是领导者的工作。父母不会让小孩子挑选安保设备或自定晚上回家的时间，那是父母的工作。同时，当员工或孩子保证负责时，企业领导和父母也会把很多决策交给他们去做，但不可否认的是决定决策方式的人还是具有管理权的一方。决定下放哪些决策权以及何时做出决策，这些也是管理者工作的一部分。

权限不明时的决策。当管理权限不明确时，谁来决定决策方式是个棘手的问题。比如，想想你跟你女儿老师的那场对话。老师建议你女儿留级，你不确定该不该留级。不管怎样，留不留级由谁来选择？谁来决定哪一方有选择权？是不是每个相关人员都有发言权，然后大家投票决定？抑或这是校方的责任，应由他们做出选择？既然父母是孩子的最终责任人，他们是否应当征询相关专家的意见，然后再决定呢？对于这个复杂的问题，到底有没有明确的答案呢？

像这样的问题只能通过对话解决。所有参与者都必须说出自己的看法，包括由谁做出最终选择一事的看法，因为它也是需要讨论的内容之一。如果无法公开讨论谁是决策者以及这样选择的原因，大家的意见就无法调和，最终会陷入激烈的争执，最终只能对簿公堂。此言非虚，如果处理得不好，**肯定会发生像琼斯诉欢乐谷学区案那样的问题**。

那我们该怎么做呢？你应当和对方公开探讨孩子的能力和兴趣以及最终的决策方式。注意，**不要**在公开讨论过程中提及律师或诉讼问题，这样只会破坏对话的安全感，让对方感到你充满敌意。你的目的是要为讨论孩子的问题展开公开、诚恳和健康的对话，而不是施加个人影响，威胁对方或是动手殴打教学人员。你应当以专家意见为基础，和校方讨论这些看法形成的方式和原因。当决策权限不明确时，你应当利用最佳对话技巧获取各方观点，和他们一起决定如何做出决策。

决策的四种方式

决定决策方式的好处在于，它能帮助你找到一种方法讨论各种可能的决策选择。通常，我们有四种决策方式，即命令式、顾问式、投票式和共识式。从前到后，这四种方式逐级体现了决策者参与程度的提高。参与程度的提高一方面会更大限度地实现承诺，但另一方面也会导致决策效率的下降。如何决定用哪种决策方式呢？聪明的决策者会根据具体情况，从这四种方式中选择既关注效率又体现公平的最佳方式。

1. 命令式

我们先从不需要参与的命令式决策说起。这种决策经常在三种情况下发生：一是我们在自己的职责范围内自主做出决定；二是外部力量对我们施加命令（我们没有选择权）；三是我们将决策权交给他人，然后听他们指挥。在现实生活中，大部分决策都是命令式决策。我们自主写邮件，批准采购订单，自主设计演示文稿，如果每个决定都需要他人参与，那世界将无法运转。

如果你是老板，你会纯粹从效率的角度出发，做很多命令式决策。这是应该的，成为高效领导者的关键素质之一是知道哪些决策自己做；哪些决策需要放慢脚步，通过咨询、投票或达成共识的方式，让其他人参与到决策过程中来。

外部影响的例子包括客户定义价格，有关机构发布安全标准，管理部门制定法规等。正如企业员工喜欢让上司做出选择一样，很多情况下我们都会把决策权交给外界力量，这些都是命令式决策。选择这种方式时，我们的任务不是去决策，而是去执行决策。

在主动交出决策权的情况下，我们要么认为问题无甚风险，不需要参与决策；要么认为代理决策者具有足够的能力做出正确的选择，自己是否参与意义不大。特别是面对能力突出的团队或非常牢固的人际关系时，我们经常会把决策权交给自己信任的人。我们不愿自己花时间去决策，自然乐得把这个差事交给他人。

2. 顾问式

顾问式决策的特点是决策者在做出选择之前需要倾听他人的意见。你可以咨询专家、代表小组或是任何愿意提出观点的人。顾问式决策是一种有效获取观点和支持，同时又不会影响决策过程的决策方式——至少不会对决策过程产生很大影响。明智的领导、父母和夫妻经常会使用这种决策方式。他们了解他人的观点，评估各种方案，做出最终选择，然后把结果通知相关人。

3. 投票式

投票式决策最适用于强调效率的决策场合，你只需在几种现成的方案中挑选一个即可。对决策团队的每个成员来说，虽然最终做出的选择未必是其最理想的方案，但他们更关注时间问题，不愿为此进行永无休止的讨论。他们会对各种方案稍做讨论，然后便进行投票。在面对几种合理的方案时，投票式决策是最节省时间的决策方式。但是，如果决策团队成员不同意或不支持所做的决定，这种方式便毫无意义。在这种情况下，你应当使用共识式决策。

4. 共识式

共识式决策既是福音也是梦魇，它意味着决策者必须讨论到所有人都取得一致意见。显然，这种决策方式的好处是，它能带来巨大的统一性和高质量的决策方案。但应用不当的话，这种方式也会浪费大量的时间。共识式决策的应用场合有两种：一是高风险的复杂问题，二是每个决策者都必须支持最终的选择。

四个重要问题

在对四种决策方式进行选择时，你应当考虑以下几个问题。

- **关注者**。确定哪些人真心想参与决策，哪些人会受到决策影响，这些人通常都是参与决策的候选人。不要让对问题漠不关心的人参与决策。

- **知情者**。确定哪些人具备做出最佳决策的能力，鼓励他们参与决策。不要让不了解情况的人参与决策。

- **支持者**。想想在你做决策的过程中，你需要哪些有影响力的人或管理者的支持。最好让这些人参与决策，而不是等他们事后认为你自作主张，公开抵制你的决策。

- **参与者**。你的目的应当是让最少的人员参与决策，同时必须获得足够的支持以做出高质量的决策。你可以问自己这样一个问题："我们是否具有足够的参与者来做出正确选择？要想获得其他人的支持是否需要让他们参与决策？"

明确告知

你经过考虑，确定了合适的决策方式后，一定要把这项重要内容放入共享信息库。这好像无须提醒，但太多人忽视了这一步，也是个让我们难以置信的事实。例如，你要确定一项新产品的主要特性，希望从各个领域的专业人士那里收集很多建议。你发出会议邀请，主题是"讨论新产品的特性"。讨论很热烈，也很有成效，会议结束的时候你和大家就产品特性达成了非常清晰的共识。然后你查阅了一些市场研究，咨询了财务部门，做了小规模的客户测试。在综合考虑所有上述信息的基础上，你做出了关于新产品特性的决策。

这是一项典型的顾问式决策，你对此非常满意。不过，等你把定好的决策用邮件告知那些参与讨论的人后，你的烦恼开始了。短短数分钟之内，你的收件箱里涌进好多封表达不满的邮件，大意都是"既然你想怎么决定就怎么决定，那当初还问我们干什么？"

这是怎么回事呢？原来，你召集他们开会的时候，你心里是知道你要采取顾问式决策方式的。但是这些人来到会场，听到你征求他们的建议，以为你采取的是共识式决策方式。这是一个可以理解的也很常见的误解，尤其是在采用顾问式和共识式决策方式时，特别容易出现这样的误解。不过，这样的误解很容易避免。一旦你确定了决策方式，务必让每个人都知道。

比如你可以这么说："你们的建议非常重要。我们这次开会是为了征求意见，我会综合考虑你们的意见和其他人的意见，然后做出决定。"

或者这样说："我很希望我们能一起讨论做决定。但是我们今天就需要把这件事确定下来，而且开会时间只有一个小时。如果我们能在这个时间范围内达成共识，那非常好。如果不能，我会综合考虑诸位的意见，由我来做出最终决定。"

你该怎么做？ 下面我们为团队或夫妻设计了一个很好的决策练习，这个练习特别适合那些经常在决策过程中遇到问题的人。首先，你应当列一张表，写下在工作或家庭中遇到的一些重要的决策问题。然后利用上面的四个问题讨论每个决策当前的制定方式以及怎样制定会更好。完成讨论之后，你应当明确以后该怎样做出正确决策。可以说，对决策环节展开关键对话是一种很有效的方式，它能顺利解决很多令人苦恼的问题。

布置任务：决策执行环节

在每次关键对话结束的时候，都必须做出决定吗？这个不能一概而论。如果我们对话的目的是走出困境，取得更好的结果，那大多数情况下我们需要在对话结束时做出决定——这次对话会带来什么变化？但是有时候，双方在对话过程中交流了很多新的观点，可能在对话结束时还没准备好做出决定。这也没关系。虽然对话不一定需要做出决定，但承诺总是要有的，我们可以承诺做出改变，承诺采取行动，或是简单但真诚地承诺认真思考对方提出的新观点。

以承诺结束对话的时候，你应当考虑以下四个因素（有时候缩写为WWWF）：

- 行动人（Who）
- 行动目标（What）
- 行动时间（When）
- 检查方法（Follow up）

行动人

有句老话说得好："人人有责等于没人负责。"如果不把任务明确到每个行动者，你的决策很有可能会落得无人执行的下场。

在分配任务时，你应当牢记没有"我们"这个说法。显然，这个说法的潜台词是"除了我之外的人"。这句话几乎无处不在。即使人们不逃避任务，"我们"这个表达也会让他们认为有其他人承担责任。

任务要分配到个人名下，在工作中如此，在家庭中也要如此。如果是分配家务，一定要说明每个人具体负责什么工作。如果安排两三个人负责同一项任务，你必须指定其中某个人担任管理者的角色，让他对整个工作负责。如若不然，结果只会是大家互相推脱责任，最终闹得不欢而散。

行动目标

你必须明确说明要完成的具体任务。对期望的描述越模糊，结果就越有可能令人失望。例如，行为古怪的企业家霍华德·休斯（Howard Hughes）曾指派一队工程师设计建造全球第一辆蒸汽动力汽车，在分享这个利用开水运转汽车的梦想时，他根本没有做出任何具体而明确的任务指示。

经过几年的努力，工程师们终于成功制造出了一辆原型车。他们在车身上安装了几十种不同的管子，利用这种方法解决了如何进行水循环的问题，以便提供源源不断的蒸汽动力。实际上，这辆车基本上就是一个巨大的散热器。

休斯向工程师们询问，如果这辆车遇到车祸会怎样，对方紧张不安地说乘客会像龙虾一样被开水煮沸。这个答案让休斯对他们的工作感到很愤怒，下令让人把整个车拆成了碎片。这个荒唐的项目就这样无果而终。

休斯的做法就是一个反面典型。在分配任务时，你必须明确说明想要实现的每个细节目标。例如："我想要的蒸汽动力汽车**要在安全、成本和性能方面都高于燃油车**。"这种问题在夫妻之间也经常会出现，由于一方不愿花时间认真思考自己的期望目标，结果发现未说明的愿望最后没有得到满足。比如，装修房间就有这样的问题，如果你和对方经历过这样的争吵，肯定明白此类问题经常发生。我们应该把时间花在准确说明自己的期望目标上，而不是浪费资源和伤害彼此的感情。

在说明期望目标时，你可以采用对比法。如果对方以前对任务目标有误解，你可以以常见错误为例说明自己不希望实现的目标。如果可能的话，你应当指出实际案例，不要讨论抽象的情况，而是用具体事例来说明。我们在聘用设计师时就曾遇到过这种情况。那位著名的室内设计师用那些大而模糊的词语描述了他的设计方案，听起来棒极了："我会为你们打造一个现代化的开放式办公环境，你们可以轻松地把它转变成工业风格。"他煞有介事地一边低声说，一边用手比画。可是，花了好几万美元之后，我们发现他的设计不像硅谷的办公室，倒像是电视剧《星际旅行》里面的场景。我们只好推翻一切从头再来。这次我们学聪明了，指着某些图片向设计师说明自己想实现什么目标，不想实现什么目标："不要用《财富》500 强的企业员工不熟悉的办公家具、颜色、装饰品和材料"，以及"务必与这些图片中的六种典型风格类似"。对行动目标的描述越清晰准确，得到失望结果的可能性就越小。

行动时间

令人吃惊的是，人们在分配任务时经常会遗漏这个关键因素。很多人往往并不明确完成任务的时间，而是语焉不详地说"回头把这件事处理一下"。在这种情况下，对方会优先解决更加重要的问题，把这项任务压在最后，很快忘记。可以说，缺少时间期限的任务目标根本不会激励人们开始行动，而是会因为拖沓而激发内疚心理。显然，未设定截止时间的目标并非目标，它们只是行动方向而已。

检查方法

此外，你还应当注意的是，在分配任务时必须强调检查决策的执行情况的频率和方式。这种检查可以很简单，如用邮件确认项目完成；也可以很正式，如组织团队进行全面汇报或是召开家庭会议等。通常情况下，你只需在实施过程中进行阶段性检查即可。

在分配任务时提出检查方案其实很容易。例如，你可以这样说："完成家庭作业后给我打电话，然后你就可以出去玩了，行吗？"

或者，你也可以采用里程碑式检查法。例如："完成图书馆调查任务后告诉我一声，我们到时候再讨论接下来该怎么做。"当然，"里程碑事件"必须和明确的时间和日期相连。例如："完成该计划的调研环节后马上通知我，截止时间是 11 月的最后一周。如果你提前完成，记得给我打电话。"

记住，要想让人们有效地承担应负的责任，你必须给他们承担责任的机会。因此，在分配每项任务时，注意说明对任务执行情况的检查方式。

一对一对话的注意事项

在小组对话或工作场合的对话中，会议结束的时候决定行动人、行动目标、行动时间和检查方法是很简单的事情。很多机构的会议流程都特地设计了讨论行动和决策并记录下来的环节。但对很多阅读本书的人来说，现在心里想的或正在为之发愁的是一对一的那种关键对话，对方可能是老板、同事或者家人。对于这样的关键对话来说，对话结束的时候决定行动人、行动目标、行动时间和检查方法同样重要。否则，你可能会一而再，再而三地进行同样的对话，老是解决不了问题。不过，你该怎么做才会不显得那么刻板呢？

这里有三个建议，可以帮助你在一对一对话结束时把对话转变为行动。

首先，总结对话，确认理解。不管是哪种对话，在对话结束前把内容概括一下，确保双方理解一致都是个特别好的做法。在总结之前，你最好跟对方说一下你这么做的原因，比如你可以说："太好了，这次对话取得了很大进展，对我们很有帮助。我想概括一下我们刚才的谈话内容，看看我理解的对不对。"

其次，确认双方的行动计划。这次对话会带来什么改变？同样，在确认之前最好提前说一下你为什么这么做："能跟你谈谈我真高兴。我觉得我们正朝着好的方向前进。我想跟你确认一下接下来我们各自需要做什么。就我来说,我会做……"

最后,你需要制订一个检查计划。没有人是完美的,对方,或者是你,很可能不会严格遵守承诺。这是可以理解的,毕竟我们都是凡人。所以你需要制订一个检查计划,以便及时发现问题,及时纠正。

检查你的直接下属或孩子相对容易,但怎么检查上司、高级领导和老同事呢?遇到这种情况,你最好把它当成一个定期联系计划,而不是检查计划。例如,你可以说:"太好了,谢谢您拿出时间来深入讨论这件事情。我下周跟您联系一下,看看经过今天的讨论,下周的情况是不是一切都还好。"

记录你的工作

正所谓"好记性不如烂笔头",千万不要想当然地认为自己能记住所有的重要安排。经历了关键对话的千辛万苦,不要因为对记忆力的过度自信而使前面的努力功亏一篑。你应当把各种结论、决定和安排的细节详细记录下来,注意说明每项任务的行动人、行动目标和截止时间。在任务实施过程中,你应当在关键时间点(通常是例会时间)核对自己的记录,然后对任务实施情况进行审核。

在审核应当完成的任务时,注意让每个人都承担应负的责任。如果有人未能完成约定的任务,你应当和他们进行对话,采用我们在第8章讲述的综合陈述法和对方讨论问题。当你让对方承担责任时,你不仅增强了他们信守承诺,完成任务的动力和能力,而且你还营造了正直诚实的氛围。

小结：开始行动

要想把成功的关键对话转变成优秀的决策和一致的行动，你应当努力避免错误期望和不作为两种陷阱。

决定如何决策

- **命令式**。无须参与的决策方式。

- **顾问式**。广泛征集意见，由少数人决定的决策方式。

- **投票式**。以支持率为基础的决策方式。

- **共识式**。人人都必须对最终结果表示同意的决策方式。

明确执行细节

- 明确**行动人、行动目标和行动时间**。

- 明确行为目标。

- 设定**检查**时间。

- 记录任务细节并按时进行检查。

- 最后，督促人们对其做出的承诺负责。

| 第 12 章 |

案例分析

好话不花钱，一句值千金。

——乔治·赫伯特

我们跟世界各地的关键对话培训师面对面交流的时候，他们反映了一个情况，那就是几乎每节课结束的时候都有人举手说："你说的没错，但是……"例如："你说的没错，但我们老板永远都不会这么答复！"或者"你说的没错，但我们家青春期的孩子连海啸都不当回事！"另一个常见的问题是："你说的没错，但如果关键时刻突然出现，我随身没带培训材料怎么办？"总而言之，人们总是能够抛出各种理由，说明关键对话技巧无法解决他们遇到的问题。

实际上，本书中介绍的对话技巧可以解决你能想到的任何问题。鉴于有些问题比较棘手，我们专门挑选了几个复杂的案例，用本书中介绍的关键对话技巧来有效地解决这些难题。我们会花一点时间来分享对每个案例的看法。

性骚扰或其他骚扰问题

"没错，但如果不是明目张胆的骚扰，只是我很讨厌有些人对待我的方式该怎么办呢？怎样和对方讨论这个问题才不会给自己树敌?"

危险之处

如果某个人的说话或行为方式让你感到厌烦，但对方的行为比较隐晦，也不经常这样，你不知道人力资源部门或你的上司能不能帮上忙，你该怎么做?

一般来说，如果此类问题能够以私密、尊重对方和坚定的态度与对方进行讨论，绝大多数情况下问题都会消失。在讨论此类问题时，你要面对的最大挑战是做到尊重对方。如果你已经对这种行为忍受了很久，很有可能会在内心编织出对方是邪恶之徒的想法。如果带有这种强烈的负面情绪进行对话，即使你没有指责对方，你的身体语言也会表现出巨大的敌意。

解决方案

你应当改变先前的想法。如果在对话之前你已经对这种错误行为长期容忍，你应当坦率承认这一点。这样可以帮助你把对方视为理智而正常的人，尽管其个别行为并不符合这一描述。

当你对对方产生一丝尊重之后，就可以和他们展开对话了。你应当寻找交流的共同目的，然后用综合陈述法说明自己的观点。

（**建立共同目的**）"我想和你谈谈一些影响我们合作的事情。虽然这个话题很棘手，但是我觉得谈开了会让我们成为更好的合作伙伴。你觉得怎么样？"

（**利用综合陈述法说明观点**）"我去你办公室时，你的眼睛经常会盯着我的身体一直看；坐在你旁边工作时，你有时候会把手臂搭在我的椅背上。我不知道你是不是有意这样做的，但这些信号让我感到很不舒服，所以我想和你谈谈。你是怎么看这件事的？"

如果你能以私密、尊重对方和坚决的态度进行对话，大多数问题行为都会消失。当然，如果对方的行为非常过分，故意进行性骚扰，你应当马上联系人力资源部门，而不是私下进行对话。另外，如果上面的对话无效，对方依然故我，一定要通知人力资源部门出面解决，保护自己的权利和尊严不受伤害。

极度敏感的配偶

"没错，但是如果你的配偶特别敏感怎么办？你试着给他们提出一些建议，但对方总是反应激烈，最后让你不得不陷入沉默。"

危险之处

通常情况下，夫妻会在结婚大约一年后形成心照不宣的协议，约定好如何对问题进行沟通，这种方式往往会影响他们一生。比如，一方敏感易怒，从不接受建议，或者是另一方不会婉转地提出观点等。无论是哪种情况，双方都会默认不想和对方沟通，从此生活在沉默之中。对这种情况来说，他们在能真正坐下来讨论之前，问题往往已经非常严重。

解决方案

出现此类问题的原因可以归结为不会使用综合陈述法说明自己的观点。当夫妻之间遇到烦心事时，你应当尽早提出问题。在说明时，采用对比法比较有帮助。例如："我不想危言耸听，只想在问题失控之前加以解决。"你应当说出事实，描述观察到的具体行为，例如："吉米的房间乱七八糟，你总是对他讽刺挖苦，说他'比猪还脏'，然后若无其事地笑笑。"然后试探性地说出自己的结论，例如："我觉得这样并不能得到你想要的结果，他不明白你的暗示，我担心这样下去他会讨厌你。"（你的想法）最后，你应当鼓励对方说出自己的看法："对这件事你有什么不同的看法吗？"

接下来，你应当关注对话安全感是否出现危机，如果出现危机，马上营造安全气氛。如果利用综合陈述法表明自己的观点之后对方出现抵触情绪，不愿和你进行讨论，你应当努力回顾刚才的做法有何不妥之处，然后跳出谈话内容，用各种必要的方法确保对方能感到安全的氛围，最后重新使用综合陈述法坦率地说出你的看法。

如果夫妻无法为彼此提供健康有益的建议，他们就会失去一个一生相伴的知己和导师，错过无数次可帮助对方有效沟通的机会。

破坏信任感

"没错，但是如果我不信任这个人该怎么办？ 他没有按时完成一项重要的工作，我不知道以后还能不能信任他？"

危险之处

人们往往认为信任感是一件绝对化的东西，要么有，要么没有。换句话说，某个人要么值得你信任，要么不值得信任。这样无疑对信任感造成了很大压力。例如，十几岁的儿子向你问道："你说我晚上12点前回家是什么意思？你是不是不信任我？"

信任感并不一定是针对每个人的。实际上，它不但有程度的高低之分，而且是因人因事而异的。此外，信任度的高低还和两个重要因素有关，即动机和能力。例如，必要的时候你相信我能做人工呼吸，因为我有救人的动机；但你不一定相信我能做好，因为我对具体做法并不清楚。

解决方案

在讨论信任问题时你应当就事论事，不要就人论事。

在讨论是否应当继续信任对方时，不要把期望值定得太高。你只要眼下信任他们即可，不用事事都要求对方达到你的信任标准。为了维护对话安全感，你应当用综合陈述法试探性地说明自己的看法。例如："我感觉你只说出了方案中有利的一面，我想听听你的方案有什么潜在的风险才能放心，可以吗？"如果他们要花招，你必须马上指出问题。

此外，注意不要把不信任当作惩罚对方的手段。如果他们在某个方面让你失去信任，不要把这种问题盲目扩大，影响你对他们其他方面品质的看法。如果在心中把他们描述成完全不值得信任的坏蛋，你的举动就会在潜移默化中让对方表现得更不值得信任。换句话说，抹黑对方只会让你弄巧成拙，离自己的期望越来越远。

缺乏积极性

"你说的没错，但如果问题不在于他们做的事情，而是他们不做事怎么办？我有几位同事是这样的，你让他们做什么他们就只做什么，从来不多做。如果遇到问题，他们只尝试解决一下，解决不了就放手不管了。我该怎么办？"

危险之处

大多数人会讨论某个人有什么不好的行为，但很少讨论他或她缺少什么良好的行为。当员工或孩子把事情搞砸时，管理者和父母往往被迫采取行动。但是，如果他们只是表现得不够优秀而不是犯错时，我们就不知道该怎么说了。

解决方案

你应当建立新的、更高的期望。不要管某个具体问题，你应当面对的是整体行为模式。如果想让对方表现出行动积极性，你应当告诉他们，并用具体事例指出他们遇到问题时总是浅尝辄止，不愿多做努力。你应当提高要求并明确告诉对方，和对方一起寻找办法，看怎样做才能在遇到问题时既做出必要的努力又充满创意。

例如："我说过这项任务一定要在我出差回来之前完成。你在工作中遇到了问题，没联系上我，只给我 4 岁的儿子留了个口信！我出差在外，你想想有什么办法能联系到我呢？"或者"怎样才能制定出后备策略呢？"

遇到对方缺乏积极性的情况，注意你的弥补方法。你会亲自跟进他的工作吗？如果是，你应当先和对方谈谈，之后再承担起这个责任。为了确保完成某件事，你会安排两个或两个以上的人来做这件事吗？如果是，跟你最先安排做这件事的人谈谈，让他或她尽早汇报项目进程，如果人手明显不够，你只需再安排一个人增援就可以了。

不要用暗示的方法让对方意识到自己不够积极，而应当明确说明自己的期望，和对方取得一致意见，让他们明白承担责任的重要性以及遇到问题尽早沟通的意义。

敏感话题和隐私

"你说的没错，但如果是非常个人的事情该怎么办呢？比如个人卫生问题。或者，有个人很让人讨厌，大家都不想跟他打交道。我该怎样和对方谈论敏感话题和隐私呢？"

危险之处

对于敏感话题，很多人都避之唯恐不及，的确，这么麻烦的情况他们又能怎么办呢？不幸的是，当真诚和勇气被恐惧和错误的同情心所淹没时，人们宁愿长期隐忍也不愿主动说出可能对对方帮助极大的信息。

随着问题的积累，当他们忍无可忍不得不面对问题时，经常会从平日的沉默状态变成暴力状态，使用各种玩笑、外号和其他隐蔽的手段模棱两可地表达自己的观点。显然，这些做法不但缺乏真诚而且对对方不够尊重。此外，保持沉默的时间越长，最后表达观点时对对方造成的伤害就越大。

解决方案

使用对比法，说明你不是想伤害对方，而是想和他们分享一些有用的信息。你应当建立共同目的，让对方理解你的意图是正大光明的。你应当说明，鉴于问题的私密性，你不愿贸然提出，但这个问题已经影响到了对方的行为表现，因此你必须和他们开诚布公地探讨。你应当试探性地描述问题，不要夸大其词或言过其实。描述完具体行为之后，你应当和对方讨论解决方法。

尽管这些讨论内容并不轻松，但你完全可以做到不冒犯对方，也不伤害对方。

更多案例和资源

关键对话不光指那种预先安排好的、有时候令人心生畏惧的重大对话——这种对话你往往会精心计划和准备，以期用准确和得体的语言来展开；大多数时候，关键对话都是在毫无预兆的情况下发生的，你完全无法预料它发生的时间和对象，几乎在任何时间都有可能与任何人发生一场关键对话。随着你不断练习，你会发现自己能力日增，哪怕是最棘手的问题，你处理起来也越来越得心应手，但是我们并不希望你止步于此。

我们整理了大量的"你说的没错，但是……"这类的案例供你参考。之所以如此，是因为我们发现很多人在这类情形中较难运用学过的技巧。例如以下情况：

- 如何向对方指出攻击或种族歧视方面的问题？
- 如何回应诬告？
- 遇到残酷甚至是野蛮的情况，如何说出真相？
- 如何面对说谎的人？
- 如何对当权者说真话？
- 如何跟一个你无法尊重的人谈话？
- 如何出言维护自己的道德观和价值观？

多年来，我们一直在公司的每周简报和名为"关键技巧"（Crucial Skills）的博客上提供如何进行此类关键对话的技巧和建议，甚至还提供了一些对话范例。欢迎阅读我们的每周简报和博客，里面的问题都是读者在现实生活中会遇到的，也非常欢迎你来信提问。你也可以搜索我们的数据库，里面有一千多个问答，在你遇到问题一筹莫展的时候，或许你能从类似的问答中找到启发和针对性的建议。

如需寻找更多"你说的没错，但是……"问题和其他问题的答复，请访问如下网址：www.cruciallearning.com/blog。

第 13 章

综合应用：关键对话的准备和学习工具

无论面对什么话题，无论面对什么对手，我都能在辩论中胜出。大家都知道这一点，聚会时都躲着我。为了表示尊重，他们根本都不邀请我。

——戴夫·巴里

如果你只是匆匆读了一下前面的内容，你可能会觉得像蛇吞象，因为要消化的东西实在太多了。

或许你现在想弄清楚的是，怎样才能把各种复杂的思路整理清楚，特别是在面对关键对话这样难以预料和瞬息万变的场合。

本章就是要完成这个高难度任务，让各种对话工具和技巧简单易用，而且便于记忆。首先，我们来看看这些技巧是怎样改变人们的生活的，通过这种方式简化我们的思路。接下来，我们会设计一个模型，帮助你以直观的方式组织九大对话原则。最后，我们会举一个关键对话案例，说明每个对话原则是如何应用的。

两大原则

这些年来，我们看到很多读者已经把关键对话的技巧和原则变成了自己的新习惯。他们基本上有两种做法。有些人从某个技巧入手，他们知道这个技巧在当前的关键对话中可以帮到他们。拿来就用是个特别好的入门方法。如果用了技巧的效果不错，你会经常用这个技巧，用久了也就成了自己的习惯。

另一些人从对话原则入手，他们不是很关注对话技巧，而是更关注对话原则。例如，他们通过掌握以下两大原则来提高自己的对话能力。

注意观察。第一个能带来积极改变的原则是注意观察。也就是说，善于改善对话技巧的人随时会问自己是否还在对话中，光是这一点就足以带来巨大的变化。即使记不住或没学过综合陈述法（STATE）、四种倾听技巧（AMPP）或四个掌控自我的工具（CURE），只要能关注自己是否陷入沉默或暴力状态，就可以从这个原则中获益良多。他们或许并不清楚如何解决某个具体问题，但他们知道如果脱离了对话，情况就会大大不妙。于是，他们便努力维持对话，结果证明他们是正确的，努力尝试永远好过面对问题无动于衷。

由此可见，你应当学会问自己这样一个重要的问题："我们是在装模作样还是真诚对话？"这个问题是实现健康对话的一个良好开端。

很多人会从朋友那里得到额外的帮助。他们以家庭或团队为单位学习本书或参加培训。在分享观点和看法时，他们会学到一个共同的表达。这种以共享方式讨论关键对话的做法会帮助人们做出积极的改变。

　　或许，在日常生活中避免偏离对话轨道的最常见的表达方式是这句话："我觉得我们已经不是在对话了。"这个简单的提示可以让双方在造成严重后果之前及时刹车，返回正确的对话框架。观察管理团队、工作小组和夫妻各自的对话，当他们坦言自己开始出现沉默或暴力状态时，对方往往会马上意识到问题并做出改正。例如："你说的对，我刚才的话是有些避重就轻。""很抱歉，我一直在强迫你接受我的看法。"

　　营造安全感。营造安全感是健康对话的第二个原则。我们在前面说过，对话的基础是观点的自由交流，而阻塞这种交流的最大障碍就是缺乏安全感。当你意识到和对方正在远离正确的对话轨道时，一定要想办法维护安全的对话气氛，不管采取何种方法。我们在书中提出了几个技巧，但提高安全感的技巧不限于此，它们只不过是一些常见的做法。实际上，提高安全感的方式有很多种。只要你能意识到对话中的问题是由缺乏安全感引起的，90% 的情况下你都会急中生智地想到有效的解决办法。

　　有时候，问个问题，对对方的看法表示感兴趣，都会帮助你营造安全感。有时候，一次轻轻的触摸或爱抚也会传达出安全气氛（仅限于爱人和家人，在工作场合这样做无异于骚扰）。当情况变得危险时，道歉、微笑，甚至一个"暂停"的手势或请求也会帮助你营造安全感。总之，首要原则就是营造并维护安全感，你应当努力让对方感到你关心并尊重他们，这样他们才会产生交流的欲望。实际上，我们在这本书中提到的几乎每一种技巧，无论是对比法还是主动引导，都能帮助我们营造安全感。

　　可以说，这两大原则正是正确识别、展开和维持对话的基础。在介绍对话概念时，每个人都很容易掌握这两大原则并将其应用到关键对话中。下面我们来看看本书还讨论了哪些原则。

如何准备关键对话

下面我来介绍最后一个工具，可以帮助你把理论转化为行动。这个工具可以有效地指导自我或他人正确展开关键对话，它能准确地指出你遇到的问题以及该采用哪种技巧化险为夷。

请大家仔细阅读下面这张"关键对话练习表"（见表 13-1）。表中第一栏是我们介绍的九大对话原则，第二栏总结了和每条原则相关的对话技巧，最后一栏是指导自我或他人的练习建议。在最后一栏中我们提出了一系列问题，这些问题可以帮助你在对话中有效地应用具体的技巧。

表 13-1　关键对话练习表

对话原则	对话技巧	关键问题
1. 选择话题（第 3 章）	分清问题的层面 选择话题 简化话题 CPR（内容、模式、关系）、流程	要想实现我的真正目的，我该选择哪个话题？ 这是内容层面、模式层面还是关系层面、流程层面的问题？
2. 从心开始（第 4 章）	关注你的真正目的	我的行为让人感觉我的目的是什么？ 我的真正目的是什么？ ● 为自己实现什么目的？ ● 为他人实现什么目的？ ● 为我们的关系实现什么目的？ 怎样做才能实现这些真正目的？
3. 控制想法（第 5 章）	行为模式回顾 区分事实与想法 留意三种"小聪明" 改变主观臆断	我现在举止如何？我现在是什么感受？是什么想法造成了这些感受？ 回到事实：我的哪些所见所闻能证实我的想法？还有哪些事实与我的想法不符？ 我是不是产生了受害者、大反派或无助者想法？ 我是否故意忽略自己在这个问题中的责任？ 为什么一个理性而正常的人会这么做？ 我现在该怎么做才能实现我的真正目的？

（续）

对话原则	对话技巧	关键问题
4. 注意观察（第 6 章）	关注交谈何时变成关键对话 关注安全问题 关注你的压力应对方式	我正在陷入沉默或暴力状态吗？ 对方正在陷入沉默或暴力状态吗？
5. 保证安全（第 7 章）	在必要时道歉 利用对比法消除或预防误解 利用四步法创建共同目的	安全感为什么会出现危机？ ● 我是否建立了共同目的？ ● 我是否保持了彼此尊重？ 怎样做才能重建安全感？
6. 陈述观点（第 8 章）	分享事实经过 说出你的想法 征询对方观点 做出试探表述 鼓励做出尝试	我是否对对方观点真正开放？ 我讨论的是不是真正的问题？ 我是否自信地表达自己的观点？
7. 了解动机（第 9 章）	询问观点 确认感受 重新描述 主动引导 赞同 补充 比较	我是否积极了解对方看法？ 我是否努力避免不必要的争论？
8. 掌控自我（第 10 章）	镇定 理解 复原 积极处理	我该怎么做才能让自己感到安全？ 我该怎么做才能肯定自己的价值？
9. 开始行动（第 11 章）	决定如何决策 记录决策并进行监督检查	我们应当怎样决策？ 行动人、行动目标和行动时间是什么？ 如何对任务实施检查评估？

案例应用

最后，我们通过一个扩展案例来看看这些原则在关键对话中是怎样应用的。对话双方是你和你的姐姐，讨论的问题是如何分配母亲留下来的房产。案例不但说明了每个对话原则的应用场合，而且对它们进行了简要说明。

这场对话是从你提出卖掉家里的度假小屋开始的。一个月前你们为母亲办完了葬礼，现在应该讨论财产分配问题了，虽然你对此并不十分期待。

鉴于母亲在去世前的几年里完全是你一个人在照顾，你觉得应该在财产方面多获得一些作为补偿。但是，这件事让对话变得非常棘手，因为你觉得姐姐肯定不会这么想。

对话展开

> 你：我们得卖了度假小屋，一方面我们从来不用，另一方面我也需要钱来支付过去 4 年我照顾妈妈的开销。
>
> 姐姐：别一上来就想用内疚感控制我，我每个月都寄钱给你照顾妈妈。要不是因为工作四处跑，我也会把她接到我家照顾的。

你注意到对方的情绪开始升温，你在为自己辩解，姐姐开始变得愤怒。你们现在要面对的是一场关键对话，事情有些不妙。

选择话题

你同时想讨论好多个话题："怎么补偿我这几年照顾妈妈的辛苦和开销？""扣除补偿费以后的财产怎么分配？""我有没有因为独自照顾妈妈而产生委屈的情绪？""我和姐姐之前是不是缺乏信任和尊重？""这里面是不是掺杂了怀念妈妈的悲伤情绪？"等等很多话题。很明显，你和姐姐只有在先谈哪个话题上达成一致，对话才能取得进展。

你觉得所有话题都很重要，你想照顾姐姐的情绪，所以让她决定：

> 你：（主动引导）好像我们在商量度假小屋的事情之前，得先谈谈其他

的事情。你是不是觉得我对你很少照顾妈妈有意见？你想谈谈这事吗？

从心开始

暂停一下，问问自己你的真正目的是什么。这个最好在你跟姐姐谈话之前想好。想清楚这一点后，即使姐姐情绪变得激动，你也有一个目标，帮助你把对话维持在正确的轨道上。

你想为多付出的时间和花费获得合理的补偿，但又不愿因此伤了姐妹之间的感情，这是你的真正目的。你知道姐姐现在很悲伤，可能还因为很少照顾妈妈而感到内疚。你想帮助她走出这些情绪。但是你不想做"傻瓜式选择"，你应当这样问自己："我该怎么说才能既得到合理的补偿，又能给姐姐情感上的支持？"

控制想法

你认识到，自己有受害者和大反派想法。你对姐姐很少照顾妈妈有意见，但你从来没跟她说过。你把她想成大反派，因为这比你要求她帮忙要容易得多。你问自己："我是否故意忽略了自己在这个问题中的责任？"通过回答这个问题，你消除了自己的主观臆断，清楚地看到你从来没说自己需要什么，现在反而责备姐姐没猜到你需要帮忙。

你问自己："为什么一个理性而正常的人会这么做？"这个问题让你看到，你离妈妈家只有一公里，而姐姐过来要坐两个小时的飞机，距离的远近跟你们照顾妈妈的多少有很大关系。当然，姐姐本可以多来照顾妈妈，但现实情况摆在那里，不能一味地责备她懒惰，不关心人。

控制好情绪后，你们就可以开始对话了。

注意观察

对话时你应当注意两个层面：**内容和流程**。注意你姐姐说的话（内容），同时也要注意安全感出现问题的迹象（流程）。

你提出补偿的要求，姐姐听到后陷入了暴力应对状态。她开始指责你，说话声调也高了好几度。你运用注意观察的技巧，意识到这是她觉得不安全的迹象。

保证安全

利用对比法消除姐姐对你行为目的的误解。如果对方相信你的**意图**是好的，他们在面对敏感**内容**的时候会更有安全感。

> 你：我知道，现在我们俩在很多事情上都平静不下来。一是妈妈去世我们很悲伤，二是有很多问题等着我们去解决，三是我们俩之间过去也有点矛盾。我非常想用一种对我们两人都公平的方式来解决这些实际问题。我希望你明白，这些财产方面的问题和你对妈妈的感情一点都没有关系。我也希望你知道，我爱你，你难过的时候，我在这里陪着你。我现在也需要你。在我们讨论财产问题之前，我做点什么能帮到你呢？
>
> 姐姐：我真希望在最后几年我能多照顾照顾妈妈。让她失望我很难过，我也让你失望了。不过，我觉得你在用这一点对付我。

掌控自我

听到姐姐指责你故意用内疚感来控制她，你觉得很不舒服。一开始你很防御，想大声驳斥她。但是你没有，而是深吸了一口气。你提醒自己，她怎么说你，跟你没关系，她的情绪是她的，不要让她的情绪影响你。你转而采取了好奇的态度，想知道她行为背后的原因是什么。她为什么会这么想？

了解动机

于是你主动引导："听起来好像我做的一些事情让你觉得我对你有意见。是这样的吗？我做的哪些事给你这样的印象？"

姐姐说了几件事情，你意识到有时候你确实是有意见不说，而是用动作发泄不满。你跟姐姐道歉，承认你有时候觉得非常不满，但考虑到你照顾妈妈更方便，姐姐离得太远，所以你有些情绪不是很合理。解决了这个问题后，你转移到下一个话题。

陈述观点

你还是想解决补偿问题。

> 你：我们现在能谈谈照顾妈妈的费用吗？

你向姐姐说事实和结论时的态度，要让她能放心地说出自己的想法。

> 你：因为妈妈需要我来照顾，我不但花了很多钱，而且必须时刻陪在她身边。我知道你也关心妈妈，但老实说在每日照顾饮食起居这方面我是做得比你多，我想多得到一些补偿，支付以前花掉的费用没什么不对。你是不是有不同的看法？我很想听听。
>
> 姐姐：好吧，你干脆给我寄份账单得了。

显然，姐姐对你的看法并不满意。她的声音充满敌意，语气更像是在放弃问题，而不是真心同意你的观点。

了解动机

由于你的另一个重要目的是和姐姐维持良好的关系，因此了解她的看法非常必要。你应当使用询问技巧探寻她的观点。

> 你：（确认感受）你这么说让人感觉你并不同意我的看法。（询问观点）是不是我有什么地方理解得不对？
>
> 姐姐：那倒不是，你觉得应当多得到一些补偿，这一点没错。

> 你：（主动引导）你是不是觉得我这样做对你有些不公平，否定了你的付出？
>
> 姐姐：我知道妈妈去世前那几年我经常不在她身边。因为我需要出差，可一有机会我就会回来看她，每个月也都寄钱给她。我还说过，必要的话我可以出钱请护工照顾她。我没想到你会认为你承担了太多责任，你要求多分钱这件事有点莫名其妙。

> 你：（重新描述）就是说，你觉得在照顾妈妈的问题上你已经尽到最大努力了，认为我应该得到补偿的想法让你很惊讶，是这样吗？
>
> 姐姐：没错，是这样。

你了解到姐姐的想法和你有些出入，应当使用正确的应对技巧说明你们之间的观点差异。你对她的看法表示部分同意，对你们的一致之处做出补充，同时提出不一致的地方。

> 你：没错，你一直在尽力，我知道你回来一趟也不容易。之所以不请专业家庭护士，是因为妈妈更愿意让我来照顾她，而且我也愿意这样做。我从没告诉你这件事情，也从没指望因为这个在

分财产的时候有资格多分一些。没告诉你是我不对。我觉得由我来照顾妈妈，免掉了请家庭护士的费用，所以在经济上给我一些适当的补偿是很合理的要求。只不过在不请家庭护士这件事上我没有征求你的意见。除此之外，还有一些你并不知道的费用。比如说，过去一年半她改吃一种新药，价格比以前的药贵一倍，保险公司只支付一定比例的住院费，诸如此类的情况还有很多。

姐姐：这么说你担心的是这些费用，是吗？这样吧，我们可以先看一下这些费用，看看怎么分担，怎么样？

开始行动

对于如何分担支出的问题，你希望能确定一个双方都同意的具体方案。你们应当约定下一步该怎么做，记录**何人、何时**完成**何事**等具体细节，然后商量好**行动监督计划**。

你：我记录了所有额外的费用。我们明天下午坐下来讨论一下这些费用，看看补偿给我多少比较公平，可以吗？

姐姐：行，到时候我们也商量一下怎么解决度假小屋的问题，写个财产分配计划。

开始对话

你和姐姐还有很多事情需要沟通和处理。但就目前而言，由于你真诚坦率、有礼有节地表达了你的意见和要求，而且鼓励姐姐也说出她的想法，这使得你们之间可以自由顺畅地交流想法和观点。有了这样的铺垫，你们之后的讨论会更加顺利。可以想象，如果你没有促成这次对话，没有很好地处理对话，你们以后的讨论将会阻碍重重。

阿夫顿的关键对话经历

有一年夏天，我的丈夫得到一个极好的实习机会，到瑞士日内瓦为联合国工作。到那里之后，我认识了一位某非政府组织驻日内瓦代表，该组织致力于妇女权利的保障工作。当时，她正在为即将召开的联合国促进和保护人权小组委员会（以下简称为人权小组会）的会议做准备工作。

意识到该非政府组织工作的重要性，我加入了他们的工作，为禁止虐待儿童等人权问题寻求联合国方面的支持。我关注的主要问题是儿童拐卖和安全问题，更具体地说，包括宗教压迫、童兵和年轻女孩被卖为性奴的问题。这些令人发指的行为在很大程度上被一些国家的官员忽视了。

该非政府组织开始筹划提交给人权小组会的报告，我关注到报告提及了部分国家的问题。这家非政府组织的委员会主席强烈建议不要在报告中提及某些问题非常严重的国家。作为一个22岁刚出校门，对政治问题一窍不通的学生，我问："为什么？"对方告诉我，该组织的行动必须小心翼翼，不能冒犯那些对虐待儿童问题"看法不同"的个别国家的官员，以免破坏和他们之间的关系。

这让我陷入了困境，我很想让问题真正得到改变。如果这份报告只是泛泛而谈，肯定会失去影响力，无法对此次论坛发挥重要作用。这时，我突然想到了《关键对话》这本书，后悔自己没有随身带来——谁会想到去瑞士过个夏天会用到它呢？好在我还记得书中的基本原则，我决定在阐述自己的观点时做到既真诚又尊重对方，希望能通过这种方法解决问题。

让人惊喜的是，他们邀请我重新撰写报告。激动之余我又有些担心，担心面对来自不同国家和文化背景的人，如果处理得不够谨慎可能会造成严重的后果。我度过了好几个不眠之夜，一遍遍地修改报告内容，通过介绍客观事实以及关注虐待儿童这个共同目的，努力以真诚、尊重的方式描述问题。最后，委员会接受了修改过的报告，认为它不但内容坦率，而且体现了适当的敏感性。

更让人惊喜的是，在会议召开10天前，委员会请我来做这次演示报告，这让我感到既震惊又骄傲。虽然我感到前所未有的压力，但我还是马上答应了，接下来又废寝忘食地花了好几天时间进行准备。

演示报告时，我感到既兴奋又紧张。这是一次非常成功的演示，很多观众都被深深打动了，有些人甚至为这些儿童的悲惨遭遇流下了泪水。很多人都围过来，向我索要报告副本，准备拿回去共享或备案。我看到有些人非常激动，他们感谢我提出了如此敏感的问题。

这次经历让我学到了很多，其中最重要的心得是，我意识到在对话中只要使用正确的技巧，完全可以实现既真诚又尊重对方的目的。可以说，是关键对话技巧帮助我把令人胆怯的体验变成了一次难忘而有意义的经历。

结论：我们强调的不是沟通而是结果

在结束时，让我们回到本书开始看一看。我们在前面说过，我们是有些误打误撞地展开对沟通话题的讨论的。实际上，我们最感兴趣的不是写一本关于沟通的书。我们想讨论的是关键时刻，即那些人类行为会对组织机构、人际关系和个人生活产生重大影响的时刻。但奇怪的是，研究过程一再把我们引向那些人们会情绪激动地面对高风险对话的时刻。因此，我们才把这些时刻称为"关键对话"。我们一再发现，决定我们能否实现真正目的的关键在于间隔时间的长短。问题不在于我们遇到了问题，而在于能否缩短从发现问题到找到方法有效面对、讨论和解决问题的间隔时间。如果能够缩短间隔时间，所有问题解决起来都会更加顺利。

写作本书唯一的目的，是想帮助你改变自己最为关注的人生目标。我们殷切地希望你能实现这个目标。为此，你必须展开行动，学会发现身边每一个可以改善的关键对话机会。你可以利用最后一章介绍的模型去发现所需的原则或技巧，帮助自己以更有效的方式解决问题。只要尝试就有可能带来改变。

我们的研究明确表明，不是表现得完美才能进步，你也不必为时而进步，时而停顿感到担心。我们敢说，只要你能坚持下去，持之以恒地应用本书中的原则和技巧，你一定会看到自己在人际关系和行为表现等方面的巨大提升。在这些非常关键的人生时刻，小小的改变就会带来巨大的进步。

注　释

第 1 章

1. Clifford Notarius and Howard Markman, *We Can Work It Out: Making Sense of Marital Conflict* (New York: G.P. Putnam's Sons, 1993), 20–22, 37–38.
2. Dean Ornish, *Love and Survival: The Healing Power of Intimacy* (New York: HarperCollins Publishers, 1998), 63.
3. Ornish, *Love and Survival: The Healing Power of Intimacy*, 54–56.

第 2 章

1. Rodwin, B. A., Bilan, V. P., Merchant, N. B., Steffens, C. G., Grimshaw A. A., Bastian, L. A., and Gunderson, C. G., "Rate of Preventable Mortality in Hospitalized Patients: A Systematic Review and Meta-analysis," *J Gen Intern Med.* 2020 July, 35(7): 2099–2106. Epub 2020 Jan 21. https://pubmed.ncbi.nlm.nih gov/31965525/.

作者简介

约瑟夫·格雷尼（Joseph Grenny）是一名作家、演说家和企业绩效领域的社会科学家。从肯尼亚内罗毕的社区到世界知名的《财富》500强企业，他的服务对象遍及世界各地。他还是三个非营利组织Unitus、另岸学院和另岸村的联合创始人。

科里·帕特森（Kerry Patterson），斯坦福大学博士，著有四部获奖培训作品，曾在世界各地的《财富》500强企业中负责多个长期行为变化的调查研究项目。2004年，科里获得杨百翰大学马里奥特管理学院迪尔奖，以表彰他在组织行为领域的杰出贡献。

罗恩·麦克米兰（Ron McMillan）为世界各地数千名领导者提供过咨询服务，其中既包括一线经理，也包括《财富》500强企业的高级总裁。他是柯维领导力研究中心（担任研发部副总裁）和Crucial Learning的联合创始人。

艾尔·史威茨勒（Al Switzler），著名咨询顾问，为世界各地的《财富》500强企业领导者提供培训和管理指导服务。曾在密歇根大学高级管理人员发展中心任职。

埃米莉·格雷戈里（Emily Gregory），Crucial Learning副总裁，负责产品和内容开发，与企业领导者一起创建定制化学习方案。埃米莉是杨百翰大学工商管理硕士、犹他大学医学博士。

Crucial Learning 公司简介

Crucial Learning 通过传授技巧帮助人们提升自己，进而改善世界。我们将社会科学研究与创新性的教学设计相结合，以优秀的学习体验来帮助学员解决人生中最顽固的个人、人际关系和组织问题。我们的课程涉及沟通、绩效表现和领导力，专注于对结果产生重要影响的行为，我们将这些行为称作关键技能。我们屡次获奖的明星课程和配套的畅销书包括《关键对话》《关键责任》《影响力大师》《习惯的力量》和《搞定》。这些课程与书籍帮助数百万人改善了人际关系和结果。《福布斯》"全球企业 2000 强"中有近一半的企业善用这些关键技能来改善组织氛围与效能。

www.CrucialLearning.com

Crucial Learning 作者团队的其他著作

如果你打算最近几年只读一本管理方面的书，那么我强烈建议你读《关键责任》。

——汤姆·彼得斯，《追求卓越》作者

Zappos 公司的核心价值观之一是"拥抱和推动变革"。这本书告诉了我们一种非常强大的新方法，以及如何用它来提升我们的生活和事业。

——谢家华，Zappos 公司前 CEO

如何影响人类行为是管理者面对的最大挑战。本书对如何推动可持续性行为变革提供了深刻的思考。

——西德尼·陶瑞尔，礼来公司名誉主席

一本鞭辟入里、发人深省、令人受益的好书。

——吉姆·柯林斯，《从优秀到卓越》作者

我是 GTD 忠实的信仰者和践行者。这套方法不仅提高了我的工作效率，也提高了我的幸福感……GTD 方法已经普及到了世界各个角落。这是一场真正的运动。

——丹尼尔·平克，《驱动力》作者

喜欢这些书吗？

来看看它们的配套课程吧！

沟通解决方案

 关键对话：
成为沟通高手

通过坦诚、尊重且即时地表达意见，将分歧转化为对话。

 关键责任

解决低绩效、打破承诺或未达成预期的问题。

提高效能解决方案

 习惯的力量

了解习惯形成背后的科学原理，培养新的个人生活习惯与职业习惯。

 搞定

管理注意力、精力和工作流程，减轻焦虑，提升生产力。

领导力解决方案

 影响者

提高个人影响力，重塑组织行为。

您可访问 Crucial Learning 官网 www.CrucialLearning.com 了解更多信息；如需中文课程服务，可联系 Crucial Learning 中国大陆地区独家合作伙伴凯洛格咨询集团，欢迎拨打全国咨询热线 400-686-6677。

给读者的练习资源

看了一本关于浮力的书，就以为自己会游泳了？相信我们，这是行不通的。跟游泳一样，关键对话技巧不是通过看书就能掌握的，你必须一遍又一遍地练习，才能得心应手地使用这些技巧。我们考虑到了这一点，为你搭好了台阶。

以下是我们在荣获奖项的《关键对话》课程中使用的资源，现在已向读者们免费开放。请登录 CrucialConversations.com 获取这些资源。

关键对话视频示例

不知道如何进行关键对话？没关系，很多人跟你一样。观看里面的示例，看看这些现实生活中的案例是如何使用书中所教的技巧来进行关键对话的。

用关键对话模型来提示自己

读完书以后，最难的事情之一是记住你学的内容。要记住新学的技巧，下载这个清晰明了的模型吧。

作者们用于讨论的问题

用这些相关的问题来指导你接下来的读书俱乐部或读书小组吧。

了解你在压力下的行为风格

当对话举步维艰时，你会怎么办？想了解自己的风格，请完成里面的压力应对方式测试，它会让你认识到通常你是如何应对关键对话的。

了解中文课程服务

凯洛格是 Crucial Learning 在中国大陆地区的独家合作伙伴，从 2010 年将《关键对话》课程正式引进中国以来，已经历超过 10 年的本土化交付实践。课程有企业内训、公开课、线上学习等多种形式，面向希望解决各类复杂沟通挑战、寻求协作共赢的企业各层级管理者与员工、希望提升沟通能力与改善人际关系的个人。如果您有任何课程服务需求，欢迎与凯洛格进一步联系！

您也可以扫码关注"关键对话"公众号，获取更多干货文章与活动资讯！

全国咨询热线：400-686-6677

赞　誉

（排名不分先后）

我曾经搞砸了无数次关键对话——要么是因为情绪失控，要么是为了完全避免冲突。本书作者将一步一步引导你走上富有成效的对话之路。对于领导者、父母以及在关键时刻难以进行有效沟通的人来说，这是一本极其有用的书。

——安杰拉·达克沃思　《纽约时报》畅销书《坚毅》作者

修订经典畅销书不是一件容易的事。20 年来，《关键对话》一直是组织、团队和个人在工作和生活中解决难题、改善关系的首选学习资源。在作者的努力下，第 3 版中的经典技巧比之前的更有价值，更加实用。

——查尔斯·都希格　普利策奖获奖记者、

《纽约时报》畅销书《习惯的力量》作者

《关键对话》对我来说，是一本"勇气之书"。在自己被误解的孤独时刻，或者理解不了别人的焦躁时刻，在团队沟通不畅、氛围不对的时刻，我会重新翻开这本书。不是去获得"对话"的技巧，而是首先获得"对话"的勇气。它让你永远相信：去进行一次关键对话吧，你会收获改变。每一次，在我打算进行对话的一瞬间，或者是在对话的过程中，一些改变，悄然发生。

——崔璀　职场服务平台优势星球发起人、

女性成长平台 Momself 创始人

这是一本必备手册,指引你应对生活中各个方面的棘手对话。本书研究翔实深入,读来引人入胜,实用性非常之强……是一本特别棒的书!

——戴维·艾伦 畅销书《搞定》作者

工作中的很多问题,本质上都是沟通问题。学会有效沟通、经营关系,能够帮助我们事半功倍。《关键对话》第3版在第2版的基础上更新了很多内容,案例更加翔实、更加契合快速发展的现代交流环境,让畅销全球多年的经典之作再次焕发出新的活力。

——林少 十点读书创始人

在商业世界、管理场景和职场中,关键对话无处不在。《关键对话》将告诉你如何避免成为情绪的奴隶,而成为真正的沟通高手。高手不仅有沟通技巧,更深谙对话背后的逻辑。每一个职场人都应该学会处理关键对话。

——刘润 润米咨询创始人

并不是因为情商高所以会沟通,而是因为会沟通所以情商高。《关键对话》第3版围绕如何准备、开始和结束关键对话提供了易用且有效的工具,使每个人都可以在刻意练习下成为沟通高手,让高情商也可以习得。虽然并不是所有的问题都是因沟通不到位所致,但几乎所有的问题都可以通过高效沟通找到解决的办法。

——刘蔚涛 KKR投资集团前执行董事

沟通是人际交往的必备技能,有效沟通可以让你事半功倍,沟通受阻则会让你步履维艰。现代社会，对话是人类沟通最主要的方式，高效沟通的前提，是对话双方在表达、倾听、思考、反馈等多个环节呈现效率。本书给予了我们很多具有实用性的建议与指导。

——毛大庆　博士　优客工场创始人

作为《关键对话》在中国最早的传播者和实践者，我在课堂上听到过特别多同学分享职场或生活中的真实案例，有的人彷徨无助，有的人挫败懊悔，有的人触底反弹。有意思的是很多案例经常是"同样的开局，不一样的结局"。

如何避免结局事与愿违或平庸收场？《关键对话》给了我们挑战的勇气、方法和创造巅峰体验的可能！

——闪燕　《关键对话》课程全球认证导师、凯洛格咨询集团合伙人

《关键对话》让我们开始关注那些真正塑造我们的生活、关系以及世界的决定性时刻……这本书当之无愧是我们这个时代在思想领导力方面的重要贡献之一。

——史蒂芬·柯维　《高效能人士的七个习惯》作者

本书道出了有效沟通的核心，即信息的自由交换。并不是所有的对话都能被称为关键对话，关键对话往往伴随着高风险，一旦任何一方不配合，沟通就不能持续。我能好好说吗？ TA还愿意说吗？《关键对话》告诉我们如何从改变自我这个唯一起点出发，营造安全的沟通氛围，控制自己，启发对方，从而不断接近沟通的目标。

——席瑞　知名辩手、沟通课程主理人

　　"会说话"在人生中的重要性不言而喻。会说话的最高境界就是既要说到点子上，又要说到人心里去。如果你在沟通中遇到难以摆脱的困境，请不要害怕，拿起"真诚"这件最强大的武器。我推荐你阅读《关键对话》，不断修炼成高段位的管理者。

——张丽俊　创业酵母创始人、知名组织创新专家、

《组织的力量》作者